코로나 바이러스와 그리스도

코로나 바이러스와 그리스도

지은이　　존 파이퍼
옮긴이　　조계광
펴낸이　　김종진
초판 발행　2020. 4. 29.
초판 6쇄　2020. 9. 22.
등록번호　제2018-000357호
등록된 곳　서울특별시 강남구 선릉로107길 15, 202호
발행처　　개혁된실천사
전화번호　02)6052-9696
이메일　　mail@dailylearning.co.kr
웹사이트　www.dailylearning.co.kr

책값은 뒤표지에 있습니다.
ISBN 979-11-89697-06-8 03230

CORONAVIRUS AND
CHRIST
코로나 바이러스와 그리스도

JOHN PIPER

존 파이퍼 지음 | 조계광 옮김

개혁된실천사

목차

2 하나님은 코로나 바이러스를 통해 무엇을 하고 계시는가

코로나 바이러스의 창궐

나는 2020년 3월을 며칠 남겨둔 시점에서 전문 용어로 "코로나 바이러스 질병 2019"(축약형은 COVID-19)로 불리는 코로나 바이러스가 온 세상을 휩쓸고 있는 상황을 지켜보며 이 작은 책을 쓰고 있다. 이 바이러스는 폐 손상을 일으키고, 심한 경우 질식사를 유발한다.

이 바이러스에 의한 첫 사망 사례가 2020년 1월 11일에 중국에서 보고되었다. 이 책을 쓰고 있는 지금, 전 세계의 감염자 숫자가 수십만 명에 달하고, 사망자만 해도 수만 명에 이른다. 치료제는 아직도 발견되지 않았다.

아마도 사람들이 이 책을 읽을 무렵이면 앞으로 전개될

상황을 지금의 나보다 훨씬 더 잘 알 수 있을 것이다. 따라서 바이러스의 확산이나 불가피한 경제적 피해를 완화하기 위해 취해지고 있는 방책을 여기서 상세히 기술할 필요는 없을 듯하다. 사교 행사, 여행, 콘퍼런스, 교회 모임, 영화 관람, 외식업, 스포츠 행사, 사업 활동이 일체 중단될 시점이 다가오고 있다.

이것은 미국에서나 전 세계적으로나 처음 있는 현상은 아니다. '질병 관리 본부'의 통계에 따르면 1918년에 인플루엔자가 전 세계적으로 유행했을 때 무려 5천만 명이 목숨을 잃었다.[1] 미국에서만 50만 명이 죽었다. 아침에 증상을 느낀 사람들이 그날 저녁에 세상을 떠났다. 현관에서 시신들을 수거해 증기 삽으로 판 무덤으로 곧바로 싣고 갔다. 한 남자는 마스크를 착용하지 않았다는 이유로 총에 맞아 죽었다. 학교들은 문을 닫았고, 목사들은 아마겟돈 전쟁에 대해 말했다.

---

1 "1918 Pandemic (H1N1 Virus)," updated March 20, 2019, Centers for Disease Control and Prevention, https://www.cdc.gov/flu/pandemic -resources/1918-pandemic-h1n1.html.

물론 과거의 선례는 아무것도 입증하지 않는다. 과거는 경고이지 운명이 아니다. 그럼에도 불구하고 지금은 이 세상이 견고하지 않다는 것을 깊이 절감하는 시기이다. 겉보기에 든든했던 토대들이 온통 흔들리고 있다. 이 시점에 우리가 물어야 할 질문은 이것이다. "우리는 견고한 반석 위에 서 있는가? 과연 결코 흔들릴 수 없는 반석 위에 서 있는가?"

1부

코로나 바이러스를
다스리시는 하나님

1장

반석으로 나아오라

내가 이 책을 쓰려고 마음먹은 이유는 확률 게임은 희망을 걸 만큼 견고하지가 못하기 때문이다. 3퍼센트냐 10퍼센트냐, 젊으냐 늙었냐, 건강 상태가 좋으냐 나쁘냐, 시골에 사느냐 도시에 사느냐, 혼자 사느냐 친구들과 함께 사느냐 등을 따져 생존 가능성을 예측하는 것은 믿을 만하지가 못하다. 확률 게임은 소망을 줄 수 없다. 그것은 딛고 설 만한 굳건한 토대가 못 된다.

더 나은 길, 더 나은 토대가 있다. 가능성이라는 모래가 아닌 확실성이라는 반석이 존재한다.

암 진단을 받다

2005년 12월 21일, 나는 전립선암에 걸렸다는 진단 결과를 전해 들었다. 그때부터 몇 주 동안은 온통 생존 가능성에 관한 대화뿐이었다. 좀 더 기다리면서 상태를 지켜보는 것, 약물 치료를 받는 것, 동종요법을 사용하는 것, 외과 수술을 받는 것, 이들 각각의 생존 가능성이 얼마나 될지를 따지는 말들이 오갔다. 아내와 나는 그런 가능성의 수치를 비교하며 곰곰이 생각했다. 그러나 저녁이 되면 우리는 서로를 바라보고 빙긋이 웃으면서 "우리의 소망은 가능성에 있지 않아. 우리의 소망은 하나님께 있어."라고 생각했다.

물론, 우리의 생각은 "의사들은 어느 정도의 가능성만을 보장해주지만 하나님은 100% 치유해주실 수 있어."라는 의미가 아니었다. 우리가 말하는 반석은 그 이상이다. 그렇다. 그것은 치유보다 더 나은 것이다.

의사가 전화로 암 확진 결과를 알려주기 전에 하나님은 이미 놀라운 방법으로 나의 발을 받쳐주고 있는 반석을 상기시켜 주셨다. 일상적인 연례 정기 검진이 끝난 후에 비뇨기과 의사는 나를 쳐다보며 "조직 검사를 해야 할 것 같습니다."라고 말했다.

"그래요? 언제요?"

"괜찮으시면 당장 해야겠습니다."

"네, 그렇게 하시죠"

의사가 기계를 가지러 간 동안, 나는 잘 어울리지 않는 파란색 옷으로 갈아입으면서 무슨 일이 벌어지고 있는지를 잠시 생각할 기회를 가졌다. "아마도 의사는 내가 암에 걸렸을 수도 있다고 생각하나 보군." 그런 생각을 하니 세상에서의 나의 미래가 달리 생각되기 시작했다. 그 순간, 하나님은 최근에 성경에서 읽은 말씀을 마음속에 떠올려 주셨다.

하나님이 말씀하시다

확실하게 말하지만 무슨 음성을 들은 것이 아니다. 그런 적은 한 번도 없다. 하나님이 말씀하신다는 나의 확신은 성경이 그분의 말씀이라는 사실에 근거한다(다음 장에서 이 점을 좀 더 자세히 언급할 생각이다). 그분은 지금까지 말씀해 오셨고, 지금도 여전히 성경을 통해 말씀하신다. 성경은 하나님의 음성이다.

비뇨기과 진찰실에서 내가 암에 걸렸다는 것을 확실하게 밝혀줄 조직 검사 결과를 기다리는 동안, 하나님은 내게 "파이퍼야, 이것은 나의 진노가 아니다. 살든지 죽든지 너는 나와 함께 있을 것이다."라고 말씀하셨다. 이것은 내가 나의 말로 고쳐서 말한 것이고, 하나님이 실제로 하신 말씀은 다음과 같다.

> "하나님이 우리를 세우심은 노하심에 이르게 하심이 아니요 오직 우리 주 예수 그리스도로 말미암아 구원을 받게 하심이라 예수께서 우리를 위하여 죽으사 우리로 하여금 깨어 있든지 자든지 자기와 함께 살게 하려 하셨느니라"(살전 5:9, 10).

"깨어 있든지 자든지", 즉 살든지 죽든지 나는 하나님과 함께 살 것이다. 그러나 그런 일이 어떻게 가능할까? 나는 하나님이 제시하신 사랑과 거룩함의 기준을 단 하루도 예외 없이 날마다 어기며 살아온 죄인이다. 그런데 어떻게 그럴 수 있을까? 어떻게 하나님이 "파이퍼야, 살든지 죽든지 너는 나와 함께 있을 것이다."라고 말씀하실 수가 있을까?

하나님은 내가 그런 질문을 던지기도 전에 바로 대답을 주셨다. 그것은 바로 예수님 덕분이다. 예수님의 죽으심 때문에 나를 향한 진노가 모두 사라졌다. 내가 완전해서가 아니다. 나의 구원자이신 예수 그리스도께서 나의 죄와 죄책과 징벌을 담당하셨다. 그분은 "우리를 위해 죽으셨다." 성경이 그렇게 말씀한다. 나는 죄책과 징벌에서 벗어나 하나님의 자비로운 호의(好意) 안에 안전하게 거한다. 하나님은 "살든지 죽든지 너는 나와 함께 있을 것이다."라고 말씀하신다.

암이든 코로나 바이러스든, 이것은 확률 게임과는 사뭇 다르다. 이것이 우리의 발을 받쳐주는 견고한 반석이다. 이것은 무너지지 않는다. 이것은 모래가 아니다. 나는 다른 사람들도 이 반석을 딛고 서기를 바라는 마음 간절하며, 그래서 이 책을 쓰고 있다.

반석은 단지 미래에만 굳건한가

그러나 이것이 전부가 아니다. 어떤 사람들은 "당신과 같이 신앙심 있는 사람들은 단지 미래에서만 소망을 발견할 수 있소. 죽은 후에 안전한 것, 그것이 바로 당신들이 원하는 것이요. 하지만 당신들이 말하는 '하나님의 음성'은 지금 당장의 일들과는 아무런 관련이 없소. 내 생각에 하나님은 창조 사역을 통해 모든 것이 시작되게 하셨고, 마지막도 해피 엔딩으로 만드시지요. 그러나 그 중간은 어떻소? 그분은 코로나 바이러스가 창궐하고 있는 지금 당장은 대체 어디에 계시는 거요?"라고 말할지도 모른다.

나도 사후에 수십 억년 이상 끝없이 하나님의 임재 안에서 기쁨을 누리는 것에 참으로 큰 가치를 부여한다. 끝없는 고통을 겪고 싶지는 않다. 나에게 있어 이런 것은 합리적인 것으로 보인다. 그러나 나의 발을 받쳐주는 반석은 사실 바로 지금 이 순간에 나의 발을 받쳐주고 있다(여러분도 이 반석을 누리게 되길 바란다).

지금 나는 코로나 바이러스가 창궐하는 세상에 살고 있

다. 모든 사람이 그렇다. 코로나 바이러스가 아니라도, 암이 재발할 수도 있고, 2014년에 이유 없이 발생한 폐색전증으로 인해 혈전이 뇌로 올라가 글을 단 한 줄도 쓸 수 없는 식물인간이 될 수도 있고, 지금 이 순간에 예측 못한 수백 개의 재난이 나를 덮칠 수도 있다.

내가 말하는 반석은 지금 나의 발을 받쳐주고 있다. 내가 이렇게 말할 수 있는 이유는 무덤 저편의 소망이 곧 현재의 소망이기 때문이다. 소망의 목적은 미래에 있고, 소망의 경험은 현재에 있는 것이다. 그리고 현재의 경험은 능력이다.

소망은 능력이다. 그것은 현재의 능력이다. 소망은 사람들이 스스로 목숨을 끊지 않도록 지켜주고, 아침에 일어나 일터로 향하게끔 도와준다. 소망은 일상의 삶은 물론, 심지어 자가격리 중인 삶에도 의미를 부여한다. 소망은 이기심에서 우러나오는 두려움과 탐욕을 극복하게 도와주고, 위험을 무릅쓰는 희생과 사랑을 독려한다.

따라서 미래의 소망을 우습게 여기지 않도록 조심하라. 우리의 미래가 확실하고 아름다우면, 현재도 달콤하고 열매가 넘칠 것이다.

바이러스를 통제하시는 하나님의 손가락

이것이 비뇨기과 의사의 진료실에서 들은 하나님의 달콤한 말씀("살든지 죽든지 너는 나와 함께 있을 것이다")을 옹호하기 위해 내가 할 수 있는 말이다. 예수님의 죽음과 부활을 통해 주어진 그러한 소망 때문에 나는 다른 사람들을 유익하게 하는 일, 특히 그들의 영원한 구원을 위한 일에 나의 삶을 바치려는 마음을 갖게 되었다. 그것 때문에 삶을 헛되이 낭비하지 않겠다는 열정을 가질 수 있었고, 더 이상 망설이지 않게 되었다. 그 소망으로 인해 나는 예수 그리스도의 위대하심을 널리 알리려는 열정으로 충만하게 되었다. 그 소망으로 인해 나는 할 수 있는 한 많은 사람이 나와 함께 영원한 기쁨을 누릴 수 있게 하기 위해 나 자신을 기꺼이 내어 주고 싶게 되었다(고후 12:15).

그러나 파이퍼의 하나님은 현재가 아닌 미래만의 전문가라는 반론에 대해 내가 할 수 있는 말은 단지 이것만이 아니다.

아마도 내가 지금부터 하는 말을 들으면 어떤 사람은

"우와! 하나님을 현재의 일에 너무 많이 연루시키는군요. 단지 미래만을 관장하는 하나님을 바이러스를 다스리는 하나님으로 탈바꿈시켰네요."라고 반박할지도 모른다.

"좋습니다"가 아닌 "좋은 느낌입니다"

이렇게 한 번 생각해보자. 암 진단을 받기 전에 사람들이 내게 "건강이 어떠십니까?"라고 물으면 나는 "좋습니다."라고 대답하곤 했다. 그러나 지금은 더 이상 그렇게 대답하지 않고, "좋은 느낌입니다."라고 대답한다. 이 둘은 차이가 있다. 연례 정기 검진을 받기 하루 전만 해도 나는 건강이 좋다고 느꼈다. 그 날 이후, 나는 내가 암에 걸렸다는 사실을 알게 되었다. 다시 말해, 나는 건강이 좋은 상태가 아니었다. 이 글을 쓰고 있는 지금도 나는 내 건강이 좋은 상태인지 잘 모른다. 다만 좋다는 느낌이 든다. 실제 건강 상태보다 훨씬 낮게 느낄 수 있다. 내가 알지 못하는 와중에 내 몸 안에서 암이 재발했을 수도 있고, 혈전이 생겼을 수도 있으며, 코로나 바이러스가 활동하고 있을지도 모른다.

무슨 말을 하려는 것인가? 우리가 "좋습니다"라고 함부로 말할 수 없는 궁극적인 이유는 오직 하나님만이 우리가 좋은지 아닌지를 알고 결정하실 수 있기 때문이다. 이것이 내가 말하려는 요점이다. 내가 좋은지 정확히 알지도 못하며, 내가 좋은지 아닌지를 스스로 통제하지도 못하는 상황에서 "좋습니다."라고 말하는 것은 곧 내일 시카고에 가서 사업을 하는 것은 고사하고, 심지어는 살아 있을지도 모르는 상황에서 "내일 나는 시카고에 가서 사업을 할 거야."라고 말하는 것과 같다.

성경은 그런 경우를 이렇게 말씀한다.

> "들으라 너희 중에 말하기를 오늘이나 내일이나 우리가 어떤 도시에 가서 거기서 일 년을 머물며 장사하여 이익을 보리라 하는 자들아 내일 일을 너희가 알지 못하는도다 너희 생명이 무엇이냐 너희는 잠깐 보이다가 없어지는 안개니라 너희가 도리어 말하기를 주의 뜻이면 우리가 살기도 하고 이것이나 저것을 하리라 할 것이거늘"(약 4:13-15).

따라서, 하나님이 오직 미래에만 관여하신다는 생각은 그저 수증기처럼 증발되어 버릴 생각이다. 성경의 진리라는 찬란한 햇빛이 비치면 우리 나름의 생각은 잠깐 보이는 안개처럼 흔적도 없이 사라진다.

하나님이 결정하시면 우리는 이것이나 저것을 한다

지금도 세상에서 행하고 계시고, 영원히 그렇게 하실 하나님, 그분이 나의 견고한 반석이다(여러분도 이 반석 위에 서기를 바란다). 성경은 "주의 뜻이면 우리가 살기도 하고"라고 말씀한다. 하나님은 지금 이 순간에 엄청나게 관여하신다. 우리는 "깨어 있든지 자든지 하나님과 함께 살" 것이지만 그것만이 전부가 아니다. 하나님은 바로 지금 우리의 삶과 죽음을 결정하신다.

게다가 하나님은 단지 삶과 죽음에만 관여하시는 것이 아니다. "주의 뜻이면…이것이나 저것을 하리라"라는 말씀대로, 그분은 그보다 훨씬 더 깊숙이 개입하신다. 한 마디로, 그분은 모든 것에 개입하신다. 건강이나 질병, 경제적 붕괴나

회복은 물론, 호흡 하나까지 모두 하나님이 관장하신다.

다시 말해, 하나님은 내가 의사의 진료실에서 조직 검사 결과를 기다리는 동안에 "두려워하지 말라. 네가 깨어 있든지 자든지 너는 나와 함께 있을 것이다. 그리고 네가 살아 있는 동안 내가 결정하지 않은 일은 네게 단 한 가지도 일어나지 않을 것이다. 내가 결정하면 너는 살 것이고, 내가 결정하면 너는 죽을 것이다. 네가 나의 결정에 따라 죽을 때까지 나는 네가 이것이나 저것을 하도록 결정할 것이다. 그러니 일하거라."라고 말씀하실 수도 있었을 것이다(나중에 그렇게 말씀하셨다).

이것이 오늘과 내일과 영원토록 나를 받쳐주는 나의 반석이다.

반석으로 나아오라

내가 이 책을 쓰는 이유는 견고한 반석이신 예수 그리스도 위에 함께 서자고 여러분을 초청하기 위해서다. 이 말의 의미를 분명하게 이해할 수 있기를 바란다. 나의 목적은 하나님께서 역사의 이 순간, 곧 코로나 바이러스가 창궐하는 이 때에도 그리스도 안에서 우리의 반석이 되시는 이유를 설명하고, 그분의 강력한 사랑 위에 선다는 것이 무엇을 의미하는지 보여주는 것이다.

2장
견고한 토대

코로나 바이러스든 아니면 다른 어떤 문제든 그에 대한 내 생각은 그다지 중요하지 않다. 그러나 하나님의 생각은 영원히 중요하다. 그분은 자신의 생각에 대해 침묵을 지키고 계신 것이 아니다. 성경의 어느 한 페이지도 이번 위기와 무관한 페이지는 거의 없다.

견고하고 달콤한 말씀

나의 음성은 풀과 같고, 하나님의 음성은 화강암과 같다. "풀은 마르고 꽃은 떨어지되 오직 주의 말씀은 세세토록

있도다"(벧전 1:24, 25). 예수님은 성경에 기록된 하나님의 말씀은 "폐하지 못한다"고 말씀하셨다(요 10:35). 하나님의 말씀은 "진실하고 의롭다"(시 19:9). 그분의 말씀은 삶의 굳건한 토대다. "주께서 주의 증거들을…영원히 세우셨다"(시 119:152). 하나님의 말씀을 듣고, 그분을 믿는 것은 모래가 아닌 반석 위에 집을 짓는 것과 같다(마 7:24).

우리는 하나님의 말씀에 드러난 하나님의 뜻에 주의를 기울여야 한다. "그의 경영은 기묘하며 지혜는 광대하니라"(사 28:29). "그의 지혜가 무궁하시도다"(시 147:5). 코로나바이러스에 대한 하나님의 말씀은 견고하고 흔들릴 수 없고 영원하다. "여호와의 계획은 영원히 서고"(시 33:11). "하나님의 도는 완전하고"(삼하 22:31).

하나님의 말씀은 달콤하고 보배롭다. 시편 저자는 "순금보다 더 사모할 것이며 꿀과 송이꿀보다 더 달도다"(시 19:10)라고 말했다. 실로 하나님의 말씀은 일생의 달콤함이다. "영생의 말씀이 주께 있사오니 우리가 누구에게로 가오리까"(요 6:68).

따라서 상황이 좋을 때나 나쁠 때나 하나님의 말씀은 견고한 평화와 기쁨을 가져다준다. 당연히 그럴 수밖에 없다. 이 책을 읽는 사람들 모두가 예레미야 선지자처럼 "주의 말씀은 내게 기쁨과 내 마음의 즐거움이오니"(렘 15:16)라고 말할 수 있기를 기도한다.

만일 우리가 "근심하는 자 같으나 항상 기뻐하는" 비밀을 깨달았다면 이 혹독한 역사적 섭리의 순간에도 말씀의 달콤함은 없어지지 않는다. 나중에 우리는 그 비밀을 좀 더 온전하게 알게 될 것이다. 하지만 현재와 같은 상황에서 "근심하는 자 같으나 항상 기뻐하는" 비밀이란 "코로나 바이러스를 멈출 능력이 있지만 그렇게 하지 않으시는 주권자께서 이런 와중에도 영혼을 지탱해주고 계신다는 것을 아는 것"이다. 사실, 하나님은 우리 영혼을 지탱해주시는 것을 넘어서서 우리에게 달콤함을 주신다. 신자들을 위한 하나님의 목적은 심지어 그들이 죽는 순간에도 자비이다. 이에 대한 소망 가운데 우리의 영혼은 달콤함을 누린다.

성경이 하나님의 말씀이라는 것을 어떻게 아는가

따라서 "성경이 하나님의 말씀이라는 것을 어떻게 아는 가?"라고 묻는 것이 오히려 더 긴급한 일이다. 이 질문에 대해 간단히 대답하자면 성경을 통해 비치는 하나님의 영광이 있기 때문이다. 우리의 마음속에는 하나님을 따라 형태가 잡힌 형판이 존재한다. 마치 스프로킷과 기어, 손과 장갑, 물고기와 물, 날개와 공기처럼 딱 들어맞는 형판이다.

이렇게 말하면 "신비적이고 주관적인 말처럼 들리는군요. 왜 그렇게 대답하는 것이죠?"라고 말할 사람이 있을지 모르겠다.

그 이유는 50년 전에 나의 삶을 무엇 위에 건설해야 할지를 찾으려고 고민하던 중에 성경에 대한 학문적, 역사적 논증이 세상의 대다수 사람에게 큰 효과를 발휘하지 못한다는 사실을 깨달았기 때문이다. 왜 그럴까? 그런 논증은 어느 정도 참되고 유익할지 몰라도 8살 짜리 어린아이나 글을 모르는 한적한 남태평양 정글의 원주민이나 공식적인 교육을 그리 많이 받지 못한 서구 사회의 보통 사람으로서는 이해하기가 어렵다. 그리고 내 생각에, 하나님은 그런 사람들이 혼란스러워하지 않고 하나님의 말씀을 충분히 듣고 믿을 수 있게 계획하셨다는 것이 명백해 보였다.

성경적 믿음은 맹신이 아니다

성경이 말하는 믿음은 맹신이 아니다. 이 믿음은 근거가 충분하고 확실하다. 이것이 "믿음"으로 불리는 이유는 근거가 없기 때문이 아니라 신뢰를 포함하고 있기 때문이다. 예수님은 신자들이 아닌 불신자들을 "맹인"으로 일컬으셨다(마 15:14). "그들이 보아도 보지 못하며"(마 13:13). 하나님이 가르치시는 구원 신앙은 "보는 것", 실제로 보는 것에 근거한다.

그렇다면 무엇을 보는 것일까? 성경은 이렇게 대답한다. 사탄은 "믿지 아니하는 자들의 마음을 혼미하게 하여 하나님의 형상이신 그리스도의 영광의 복음의 광채가 비치지 못하게" 하려고 안간힘을 쓴다(고후 4:4).

다시 말해, 복음을 통해 비치는 영적인 빛이 있다. 구원에 관한 성경의 증언이 곧 그것이다. 이것은 어떤 종류의 빛일까? 이것은 "하나님의 형상"이신 "그리스도의 영광의 빛"이다. 이것은 마법도 아니고, 신비도 아니다. 실제로는 존재하지 않지만 겉으로 사실처럼 보이는 것이 아니다. 예수 그리스도께서는 하나님이자 인간이시다. 그분이 지니신 도덕적, 영적, 초자연적 영광, 곧 그분의 아름다우심과 가치와 위대하심이 하나님의 말씀을 통해 빛난다. 이것이 성경의 진리됨을 입증한다.

우리의 영혼 안에는 하나님을 따라 형태가 잡힌 영적 형판이 존재한다

이것이 내가 성경에서 빛나는 하나님의 영광이 우리 안에 존재하는 형판(하나님의 형태를 따라 만들어진 형판)과 꼭 들어맞는다고 말하는 이유다. 하나님의 영광은 그런 식으로 성경의 진리와 가치를 입증한다.

나는 모든 인간의 영혼 안에 영적 형판, 즉 하나님에 관한 간접적인 지식이 존재한다고 믿는다. 이에 관한 성경의 가르침은 이렇다. 성경은 모든 인간에 대해 "이는 하나님을 알 만한 것이 그들 속에 보임이라…하나님을 알되 하나님을 영화롭게도 아니하고"(롬 1:19, 21)라고 말씀한다.

성경은 모든 인간의 영혼 안에 이런 지식이 존재하기 때문에 자연 속에서 하나님의 영광을 볼 책임이 있다고 가르친다. 그와 마찬가지로, 우리는 말씀을 통해 예수님 안에서 하나님의 영광을 볼 책임이 있다. "하늘이 하나님의 영광을 선포한다"(시 19:1). 우리는 그것을 보고, 감사해야 할 의무가 있다. 하나님의 아들도 하나님의 영광을 보여주신다. 우리는 그것을 보고, 경배해야 할 책임이 있다. 요한 사도는 "우리가 그의 영광을 보니 아버지의 독생자의 영광이요"라고 말했다(요 1:14).

이것이 곧 하나님의 말씀에서 비치는 "자증적(自證的) 영광"이다. 이 영광은 성경이 하나님의 말씀이라는 우리의 믿음을 뒷받침하는 확실하고 견고한 토대다.

기술과 맛

성경에 나타난 하나님의 영광을 인지하는 방법은 꿀이 꿀이라는 것을 아는 방식과 비슷하다. 성경 학자들이 성경의 역사적인 신빙성을 설득력 있게 주장하는 것처럼, 과학과 기술은 화학적인 실험을 통해 항아리에 담긴 것이 꿀이라고 입증할 수 있다. 그러나 대다수 사람은 과학자나 학자가 아니다. 우리는 그저 맛을 보고 꿀이라는 것을 안다.

그와 비슷하게 성경의 메시지에 나타난 하나님의 영광도 달콤한 맛을 지닌다. 그 맛이 하나님이 우리에게 부여하신 기능에 와닿아 느껴진다. "주의 말씀의 맛이 내게 어찌 그리 단지요 내 입에 꿀보다 더 다니이다"(시 119:103). "너희는 여호와의 선하심을 맛보아 알지어다"(시 34:8). 이것은 가상적인 것이 아니라 실제로 보는 것이고 실제로 맛보는 것이다. 우리는 실제로 있는 것을 보고 맛본다.

우리의 위로의 반석

예수님은 "성경은 폐하지 못하나니"(요 10:35)라고 말씀하셨고, 바울 사도는 "모든 성경은 하나님의 감동으로 된 것으로"(딤후 3:16)라고 말했다. 베드로 사도도 "예언은…오직 성령의 감동하심을 받은 사람들이 하나님께 받아 말한 것임이라"(벧후 1:21)라고 말했다. 우리의 마음은 그런 말씀에 "옳습니다"라고 화답한다. 우리는 보았고, 맛보았다. 그로써 우리는 안다. 그런 지식은 근거가 확실하다. 우리는 어둠 속을 헤매지 않는다.

우리의 영혼은 "주의 말씀의 강령은 진리이오니"(시 119:160), "여호와여 주의 말씀은 영원히 하늘에 굳게 섰사오며"(시 119:89), "하나님의 말씀은 다 순전하며"(잠 30:5)라는 성경의 외침에 공명한다.

그런 일이 일어나면 코로나 바이러스가 창궐하는 와중에도 하나님의 진리가 우리에게 물밀 듯 밀려오면서 이루 형용할 수 없는 위로가 찾아온다. "내 속에 근심이 많을 때에 주의 위안이 내 영혼을 즐겁게 하시나이다"(시 94:19). "여호와는 마음이 상한 자를 가까이 하시고 충심으로 통회하는 자를 구원하시는도다 의인은 고난이 많으나 여호와께서 그의 모든 고난에서 건지시는도다"(시 34:18, 19).

전염병이 온 세상을 위협하는 상황 속에서 하나님처럼 우리를 위로할 수 있는 사람은 아무도 없다. 그분의 위로는 흔들리지 않는다. 그 위로는 폭풍우가 몰아치는 바다 한복판에 크고 높게 솟아 있는 바위와도 같다. 그것은 하나님의 말씀, 곧 성경에서 나온다.

3장

반석이신 하나님은 의로우시다

하나님이 우리의 반석이 되시려면, 그분은 의로우셔야 한다. 불의한 반석은 한갓 신기루에 지나지 않는다. 온 세상을 휩쓸고 있는 전염병은 하나님이 의롭고, 선하고, 거룩하시다는 우리의 신념을 뒤흔든다. 이런 상황에서 하나님이 의롭지 않으시다면 그분은 우리의 반석이 되실 수 없다.

여기서 우리는 하나님의 거룩하심과 의로우심과 선하심이 무슨 의미인지 물어보아야 한다. 그 의미를 모르면, 혹시 이 코로나 바이러스 때문에 그것들이 허물어뜨려진 것은 아닌지 어떻게 알겠는가? 아니면 대신에 그것들이야말로 우리를 구원하는 반석의 영원한 토대라는 것을 어떻게 알겠는가?

성경은 하나님의 거룩하심과 의로우심과 선하심이 동일한 것이 아니라 서로 긴밀하게 연관된 것으로 묘사한다. 그러면 하나님의 거룩하심부터 살펴보기로 하자. 하나님의 거룩하심이란 무엇인가?

초월적이고, 무한한 가치

거룩함을 뜻하는 히브리어의 근본 의미는 분리, 곧 일반적인 것과 구별되어 다르다는 것이다. 이 분리의 개념이 하나님께 적용되면 "홀로 뛰어나시다"라는 의미를 지닌다. 하나님은 극상의 가치를 지닌 특별한 다이아몬드와 같으시다. 우리는 "초월적"이라는 말을 사용해 이런 신적 분리의 개념을 나타낼 수 있다. 하나님은 독자적으로 분리되어 존재하시기 때문에 다른 모든 현실을 초월하신다. 그분은 만물을 초월해 계시고, 그 어떤 것보다 더 귀하시다.

모세가 하나님의 지시대로 바위를 향해 말하지 않고, 그것을 내리치자 하나님은 "너희가 나를 믿지 아니하고 이

스라엘 자손의 목전에서 내 거룩함을 나타내지 아니한 고로"(민 20:12)라고 책망하셨다. 모세는 하나님을 온전히 신뢰할 수 있는 지극히 탁월하신 존재가 아니라 무시해도 괜찮은 다른 인간적 권위들과 동급의 권위를 지닌 존재처럼 대하였다.

하나님은 이사야서 8장 12, 13절에서 "그들이 두려워하는 것을 너희는 두려워하지 말며 놀라지 말고 만군의 여호와 그를 너희가 거룩하다 하고 그를 너희가 두려워하며 무서워할 자로 삼으라"라고 말씀하셨다. 이것은 하나님을 일반적인 두려움이나 공포의 대상으로 간주하지 말고, 온전히 구별된 독특한 존재, 곧 초월적인 존재로 여겨 경외하라는 뜻이다.

이처럼 하나님의 거룩하심은 그분의 무한한 초월성과 지극히 뛰어난 가치를 의미한다. 하나님은 홀로 뛰어나시다. 이것은 그분이 그 어떤 것에도 의존하지 않고 홀로 존재하신다는 의미를 갖는다. 하나님은 자존하시기 때문에 아무것도 의존하지 않고, 아무것도 필요로 하지 않으신다. 그분은 온전하고, 완전하시다. 하나님은 만물의 근원이자 모든 가치의 원천으로서 가장 큰 가치를 지니고 계신다.

초월자이시나 고독하게 존재하지 않으신다

하나님이 다른 현실들을 무한히 초월하신다고 해서 그분이 사랑 없이 고독한 마음을 지니셨다는 뜻은 결코 아니다. 역사적인 삼위일체 교리는 처음부터 끝까지 철저히 성경적이다. 하나님은 세 위격으로 존재하신다. 그러나 이 세 위격은 하나, 곧 동일한 신적 본질을 소유하신다. 하나님은 세 분이 아닌 한 분이시다. 이 한 분 하나님은 성부와 성자와 성령이라는 세 위격의 신비하고 참된 연합을 통해 존재하신다. 각 위격은 시작이 없고, 영원하시다. 모두 참된 하나님이시다.

이처럼 거룩함(하나님의 초월적인 가치와 위대하심)은 하나님이 고독하고, 초연한 상태로 무한히 높은 곳에 홀로 존재하신다는 것을 의미하지 않는다. 성부 하나님은 성자 하나님을 온전히 아시고, 사랑하신다(막 1:11, 9:7, 골1:13). 성자 하나님은 성부 하나님을 온전히 아시고, 사랑하신다(요 14:31). 성령 하나님은 성부와 성자의 서로에 대한 사랑과 지식을 온전하고, 무한하고, 완전하게 드러내신다.

이런 사실이 중요한 이유는 무엇일까? 그 이유는 삼위일체의 온전한 교제가 하나님의 충만하심과 완전하심과 온전하심의 필수 요건이기 때문이다. 이것은 하나님의 초월적인 가치와 아름다움과 위대하심, 곧 그분의 거룩하심의 근본 토대다.

거룩하심은 의로우심과 긴밀하게 연관된다

하나님의 거룩하심에 대한 지금까지의 논의는 절반의 진리에 해당할 뿐이다. 성경은 하나님의 거룩하심을 초월성의 관점에서만 다루지 않는다. 성경은 또한 그것을 도덕성의 관점에서 다룬다. 거룩하다는 것은 분리와 초월을 넘어 의롭다는 것을 의미한다.

이런 사실은 코로나 바이러스를 하나님과 관련지어 어떻게 바라보아야 하는지에 대해 지대한 영향을 미치는 한 가지 질문을 제기한다. 의로움이란 올바른 일을 행하는 것을 의미하고, 올바른 일을 행한다는 것은 모종의 의의 기준을 충족시킨다는 것을 의미한다면, 하나님의 의로우심은 어떤 기준을 충족시키는 것일까?

창조 이전에는 하나님 외에 그 어떤 기준도 존재하지 않았다. 그분이 충족시켜야 할 기준은 아무것도 존재하지 않았다. 창조 이전에는 오직 하나님만이 유일한 현실이셨다. 오직 하나님만 존재하시는 상황에서 그분이 하셔야 할 올바른 일을 규정하는 일이 어떻게 가능한가? 바꾸어 말해, 어떻게 하나님의 거룩하심 안에 그분의 초월성은 물론, 의로우심까지 내포될 수 있는가?

이 질문에 대한 대답은 하나님의 의로우심의 기준이 곧 하나님 자신이라는 사실에 있다. "주는 항상 미쁘시"다는 것이 성경의 근본 원리다(딤후 2:13). 그분은 자신의 무한한 가치와 아름다움과 위대함에 어긋나게 행동하실 수 없다. 이것이 하나님에게 있어서 올바른 것의 기준이다.

하나님의 거룩하심의 도덕적 차원, 곧 그분의 의로우심은 자신의 가치와 아름다움과 위대함을 따라 행하겠다는 그분의 타협 없는 헌신을 의미한다. 하나님의 모든 감정과 생각과 말과 행위는 그분의 초월적 완전함의 무한한 가치와 아름다움과 항상 정확하게 일치한다. 만일 하나님이 이 가치나 아름다움이나 위대함을 부인하신다면 그것은 결코 올바를 수 없다. 그렇게 되면 궁극적인 기준이 무너지고 하나님이 불의하게 되신다.

의로우심은 선하심과 긴밀하게 연관된다

하나님의 선하심은 그분의 거룩하심이나 의로우심과 똑같지 않다. 그러나 그것들은 서로 긴밀한 관계를 맺고 있기 때문에 거룩하심이 선하심을 통해 넘쳐 흐르고, 의로우심이 선하심을 베푸는 기준이 된다. 그것들은 서로 모순되지 않는다.

하나님의 선하심이란 그분의 관대한 성향, 곧 인간을 축복하려는 마음을 가리킨다. 하나님의 초월적인 완전함과 온전함, 곧 그분의 거룩하심은 넘쳐흐르는 샘물과 같다. 이 때문에 그분은 관대한 성향을 지니신다. 하나님은 부족한 것이 없으시다. 따라서 그분은 자신의 부족함을 채우기 위해 다른 존재들을 이용하지 않으신다. 취하지 않고, 베푸는 것이 하나님의 본성적 성향이다. "또 무엇이 부족한 것처럼 사람의 손으로 섬김을 받으시는 것이 아니니 이는 만민에게 생명과 호흡과 만물을 친히 주시는 이심이라"(행 17:25).

이 선하심은 의로우심과 동떨어져 있지 않다. 하나님은 자신의 무한한 가치와 아름다움과 위대함을 부정하는 방식으로 선함을 나타내지 않으신다. 이것이 하나님의 의로우심에 선하심은 물론, 마지막 심판이 포함되어 있는 이유다. 하나님은 회개하지 않은 사람들에게 지옥의 형벌을 내리고, 그들에게 선함을 베푸시지 않는다. 그러나 그렇다고 해서 그분의 선함이 사라지는 것은 결코 아니다. 하나님의 거룩과 의가 선함을 나타내는 기준이 된다.

하나님은 특히 자기를 두려워하며 피난처로 삼는 자들에게 그분의 선함을 나타내신다. "주를 두려워하는 자를 위하여 쌓아두신 은혜 곧 주께 피하는 자를 위하여 인생 앞에 베푸신 은혜가 어찌 그리 큰지요"(시 31:19).

하나님을 공경하고 믿는다고 해서 그것이 공로가 되어

그분의 선하심을 얻어낼 수는 없다. 유한한 의존자인 인간은 공로를 세워 하나님으로부터 그 어떤 것도 얻을 수 없다. 하나님이 죄인들에게 나타내시는 선하심은 값없이 주어지는 과분한 은혜다. 그러면 하나님은 왜 자기를 두려워하며 피난처로 삼는 사람들에게 선하심을 풍성하게 나타내시는 것일까? 그 이유는 그런 공경심과 믿음이 하나님의 가치와 아름다우심과 위대하심을 드러내는 것이기 때문이다(롬 4:20). 그러므로 하나님의 의는 그분으로 하여금 그렇게 하나님을 공경하는 태도를 긍정하게 한다.

이것은 코로나 바이러스와 어떤 관계가 있을까

다음 장에서는 모든 것을 다스리며 모든 것을 아시는 하나님의 주권에 대해 살펴볼 생각이다. 그러나 지금까지 논의한 내용만으로도 코로나 바이러스와 관련된 하나님의 섭리가 그분의 거룩하심이나 의로우심이나 선하심과 모순된다는 성급한 결론을 피할 수 있는 근거가 되기에 충분하다. 인간의 고난을 빌미로 하나님이 불의하시다고 비난하거나 세상을 통치하시는 하나님이 더 이상 선하거나 거룩하지 않다고 결론짓는 것은 너무나도 순진한 생각이 아닐 수 없다.

우리는 모두 죄인이다. 그 누구도 예외는 없다. 우리는 영광스러운 하나님의 가치와 아름다우심과 거룩하심을 우리가 더 좋아하는 것들로 바꾸었다(롬 1:23, 3:23). 우리가 알든 모르든 이것은 하나님을 존중하지 않는 후안무치한 행위에 해당한다. 따라서 우리는 징벌을 받아 마땅하다. 하나님의 영광을 존중하지 않으면 거룩한 진노의 대상이 될 수밖에 없다. 성경은 우리가 "본질상 진노의 자녀"라고 말씀한다(엡 2:3). 하나님이 우리를 향한 선하신 손길을 거두어 가시더라도 그분은 여전히 거룩하고, 의로우시다.

코로나 바이러스는 하나님이 거룩하지 않고, 의롭지 않고, 선하지 않다는 증거가 될 수 없다. 이 어려운 때에도 우리의 반석이신 하나님은 불의하지 않으시다. 그분의 거룩성은 부인될 수 없다. "여호와와 같이 거룩하신 이가 없으시니…우리 하나님 같은 반석도 없으심이니이다"(삼상 2:2). 우리의 반석이신 하나님은 신기루가 아니시다.

4장
모든 것을 다스리시는 주권자

나는 2장에서 "혹독한 섭리"라는 표현을 사용했다. 그것이 코로나 바이러스의 본질이다. 하나님의 사역을 혹독하다고 말하는 것은 신성모독이 아니다. 룻의 시어머니 나오미는 기근을 피해 타국에서 살던 중, 남편과 두 아들과 한 며느리를 잃고 나서 이렇게 말했다.

"이는 전능자가 나를 심히 괴롭게 하셨음이니라 내가 풍족하게 나갔더니 여호와께서 내게 비어 돌아오게 하셨느니라 전능자가 나를 괴롭게 하셨거늘"(룻 1:20, 21).

그녀의 말은 거짓도, 과장도, 불평도 아니었다. 그것은 끔찍한 현실이었다. "혹독한 섭리"라는 말은 하나님의 행사를 비난하는 말이 아니다. 그것은 사실을 있는 그대로 표현한 것이다.

나는 또한 2장에서 "근심하는 자 같으나 항상 기뻐하는"(고후 6:10) 비밀을 깨달으면, 이 혹독한 섭리의 와중에도 말씀의 달콤함이 조금도 줄어들지 않는다고 말했다. 나는 이 비밀을 다시 살펴볼 것이라고 말하면서, 코로나 바이러스를 멈추게 할 능력이 있지만 그렇게 하지 않으시는 주권자께서 이런 와중에도 영혼을 지탱해주고 계시는 것을 아는 것이 그 비밀이라고 간단히 언급했다. 이 사실을 이해하면 모든 것이 달라진다. 그렇다면 그것은 과연 사실일까?

하나님은 자신이 원하는 일을 하신다

이번 장과 다음 장의 목표는 하나님이 모든 것을 다스리시며 완전히 지혜로우시다는 사실을 보이는 것이다. 하나님은 코로나 바이러스를 다스리신다. 나는 이것이 좋은 소식이라는 것, 곧 혹독한 섭리 가운데서 하나님의 달콤함을 경험할 수 있는 비결임을 보이길 원한다.

하나님이 만물을 다스리신다 함은 그분이 주권자이시라는 의미를 지닌다. 하나님이 주권자이시라는 것은 자신이 결정적으로 의도한 일을 모두 이룰 수 있고, 또 이루신다는 뜻이다. 여기서 "결정적으로"라는 말을 사용한 이유는 하나님이 어떤 의미에서는 일어나게 하지 않을 일을 뜻하곤 하시기 때문이다. 그분이 어떤 것을 바라나 그 바라는 대로 행하지는 않기로 선택하시는 경우가 있다. 그런 의미에서 그런 일들은 결정적이지 않다. 하나님은 그런 바람이나 그런 뜻을 실행의 레벨까지 실현시키지 않으신다.

예를 들면, 예레미야애가 3장 32, 33절과 같은 경우다.

"그가 비록 근심하게 하시나 그의 풍부한 인자하심에 따라 긍휼히 여기실 것임이라 주께서 인생으로 고생하게 하시며 근심하게 하심은 본심이 아니시로다."

하나님은 우리를 근심하게 하시지만 그것은 그분의 본

심이 아니다. 하나님의 마음, 곧 그분의 성품 가운데는 우리를 근심하게 하지 않으려는 측면이 존재하지만 다른 측면들이 그분의 거룩하심과 의로우심을 통해 우리를 근심하게 만든다.

물론, 하나님의 마음은 이중적이 아니다. 하나님 안에는 완전한 아름다움과 일관성이 존재하기 때문에 모든 속성이 서로 온전하게 협력한다. 하지만 그분에게 복합적인 면이 없다는 말이 아니다. 그분의 성품은 독주라기보다는 협주에 가깝다.

하나님의 주권이란 그분이 결정적으로 뜻하신 일은 무엇이든 이루실 수 있고, 또 실제로 이루신다는 것을 의미한다. 이것은 하나님의 뜻을 가로막거나 방해하는 힘이 그분 외부에 존재하지 않는다는 뜻이다. 하나님이 어떤 일이 일어나도록 결정하시면 그 일은 어김없이 일어난다. 모든 일이 일어나는 이유는 하나님이 그렇게 의도하셨기 때문이다.

모든 것에 미치는 하나님의 주권

이사야는 이것이 신성의 본질적인 특성 가운데 하나라고 가르친다.

> "나는 하나님이라 나 외에 다른 이가 없느니라 나는 하나님이라 나 같은 이가 없느니라 내가 시초부터 종말을 알리며 아직 이루지 아니한 일을 옛적부터 보이고 이르기를 나의 뜻이 설 것이니 내가 나의 모든 기뻐하는 것을 이루리라"(사 46:9, 10).

하나님 되심은 항상 자신의 뜻이 서게 만드는 것을 의미한다. 하나님은 미래에 어떤 일이 있을 것이라고 선언하는 데 그치시지 않고, 그 일이 실제로 일어나게 하신다. 하나님은 단지 말씀만 하지 않으시며, 자신의 말을 지켜 그대로 이루신다(렘 1:12).

이것은 욥이 혹독한 시련을 통해 깨닫게 된 사실이다. 그는 "주께서는 못 하실 일이 없사오며 무슨 계획이든지 못 이루실 것이 없는 줄 아오니"(욥 42:2)라고 말했다. 느부갓네

살도 그를 겸손케 만든 하나님의 자비로운 손길을 겪고 나서 이렇게 고백했다.

"땅의 모든 사람들을 없는 것 같이 여기시며 하늘의 군대에게든지 땅의 사람에게든지 그는 자기 뜻대로 행하시나니 그의 손을 금하든지 혹시 이르기를 네가 무엇을 하느냐고 할 자가 아무도 없도다"(단 4:35).

시편 저자는 이렇게 말했다.

"여호와께서 그가 기뻐하시는 모든 일을 천지와 바다와 모든 깊은 데서 다 행하셨도다"(시 135:6).

바울은 아래의 말로 이 모든 사실을 간결하게 요약했다.

"모든 일을 그의 뜻의 결정대로 일하시는 이의 계획을 따라"(엡 1:11).

몇몇 일이 아닌 "모든 일"이 하나님 외부의 힘이나 의지의 결정이 아닌 "그의 뜻의 결정대로" 이루어진다.

다른 말로 하자면, 하나님의 주권은 모든 것을 포괄하며, 모든 것에 미친다. 이 세상에 대한 하나님의 통치는 절대적이다. 그분은 바람(눅 8:25), 번갯불(욥 36:32), 눈(시 147:16), 개구리(출 8:1-15), 이(출 8:16-19), 파리(출 8:20-32), 메뚜기(출 10:1-20), 메추라기(출 16:6-8), 벌레(욘 4:7), 물고기(욘 2:10), 참새(마 10:29), 풀(시 147:8), 박넝쿨(욘 4:6), 기근(시 105:16), 태양(수 10:12, 13), 감옥의 문(행 5:19), 시각 상실(출 4:11, 눅 18:42), 청각 상실(출 4:11, 막 7:37), 신체 마비(눅 5:24, 25), 열병(마 8:15), 모든 질병(마 4:23), 여행 계획(약 4:13-15), 왕의 마음(잠 21:1, 단 2:21), 민족들(시 33:10), 살인자들(행 4:27, 28), 영적 죽음(엡 2:4, 5)을 다스리신다. 모든 것이 하나님의 주권적인 뜻을 이룬다.

지금은 하나님을 감상적으로 생각할 때가 아니다

따라서 코로나 바이러스도 하나님이 보내신 것이다. 지금은 하나님을 감상적으로 생각할 때가 아니다. 지금은 혹독한 시련의 때다. 하나님이 이 일을 작정하셨고, 통제하신다. 하나님은 결국 이 일을 끝내실 것이다. 이 일 가운데 그분의 통제에서 벗어난 것은 아무것도 없다. 삶과 죽음이 그분의 손안에 있다.

욥은 입술로 죄를 짓지 않고 이렇게 말했다.

"내가 모태에서 알몸으로 나왔사온즉 또한 알몸이 그리로 돌아가올지라 주신 이도 여호와시요 거두신 이도 여호와시오니 여호와의 이름이 찬송을 받으실지니이다"(욥 1:21).

하나님이 주셨고, 하나님이 취하셨다. 주님이 욥의 열 자녀를 데려가셨다.

하나님 앞에서는 아무도 생명을 주장할 권리가 없다. 우리의 호흡 하나하나가 모두 은혜의 선물이다. 심장 박동 하나하나가 모두 과분한 은혜다. 삶과 죽음은 궁극적으로 하나님의 손안에 있다.

"이제는 나 곧 내가 그인 줄 알라 나 외에는 신이 없도다 나는 죽이기도 하며 살리기도 하며 상하게도 하며 낫게도 하나니 내 손에서 능히 빼앗을 자가 없도다"(신 32:39).

따라서 코로나 바이러스는 물론, 생명을 위협하는 그 어떤 상황이 닥치더라도 우리는 야고보가 가르쳐준 대로 생각하고 말해야 한다.

"너희가 도리어 말하기를 주의 뜻이면 우리가 살기도 하고 이것이나 저것을 하리라 할 것이거늘"(약 4:15).

하나님의 뜻이면 살 것이고, 그렇지 않으면 죽을 것이다.

나는 이 책이 출판되는 것을 보지 못하고 죽을지도 모른다. 최소한 나의 친척 가운데 한 사람이 코로나 바이러스에 감염되었다. 내 나이는 일흔넷이고, 내 폐는 혈전이 막혀 있는 데다 계절적 기관지염까지 앓고 있다. 그러나 이런 요인들이 궁극적으로 나의 운명을 결정하는 것은 아니다. 하나님이 결정하신다. 이것은 좋은 소식일까? 물론이다. 다음 장에서 그 이유를 설명해 보이겠다.

5장
하나님의 통치의 달콤함

왜 하나님이 코로나 바이러스와 나의 삶을 다스리는 주권자 되시는 것을 달콤한 가르침으로 받아들여야 할까? 그 이유는 "코로나 바이러스를 멈추게 할 능력이 있지만 그렇게 하지 않으시는 주권자께서 이런 와중에도 영혼을 지탱해주고 계시기" 때문이다. 다른 말로 하자면, 하나님이 고난을 다스리시는 주권자 되심을 부인함으로써 고난에 대한 책임을 면하게 해드리려는 인간적 시도는 모든 것을 합력해 선을 이루시는 그분의 주권적인 통치를 부인하는 것이 된다.

하나님을 보좌에서 끌어내리는 것은
좋은 소식이 아니다

하나님은 질병을 주기도 하고, 그로 인한 손실을 견딜 힘을 주기도 하는 주권자이시다. 하나님은 생명을 취하기도 하고, 죽음을 정복해 신자들을 그리스도와 함께 천국에 거하게 하기도 하는 주권자이시다. 사탄이나 질병이나 파괴 행위나 운명이나 우연이 우리의 삶을 결정한다고 생각하는 것은 달콤하지 않다. 그것은 좋은 소식이 아니다.

하나님의 통치는 좋은 소식이다. 왜일까? 그 이유는 하나님이 거룩하고, 의롭고, 선하고, 무한히 지혜로우시기 때문이다. "지혜와 권능이 하나님께 있고 계략과 명철도 그에게 속하였나니"(욥 12:13). "우리 주는…그의 지혜가 무궁하시도다"(시 147:5). "깊도다 하나님의 지혜와 지식의 풍성함이여"(롬 11:33). 하나님의 목적은 "하늘에 있는 통치자들과 권세들에게 하나님의 각종 지혜를 알게 하는" 것이다(엡 3:10).

그 무엇도 하나님을 놀라게 하거나 당혹스럽게 하거나

곤란하게 할 수 없다. 하나님의 무한한 권능이 그분의 무한히 거룩하고, 의롭고, 선하고, 지혜로운 속성을 통해 발현된다. 그 모든 것이 그분의 아들 예수 그리스도를 믿는 자들을 이롭게 하는 데 이바지한다. 하나님이 예수님을 보내 죄인들을 대신해 죽게 하신 것은 코로나 바이러스와 결코 무관하지 않다.

하나님은 죄인들을 위해 "모든 것"을 확보하셨다

이 관계를 설명하면 다음과 같다. 로마서 8장 32절은 "자기 아들을 아끼지 아니하시고 우리 모든 사람을 위하여 내주신 이가 어찌 그 아들과 함께 모든 것을 우리에게 주시지 아니하겠느냐"라고 말씀한다. 하나님이 자기 아들을 내주어 우리를 대신해 십자가에 못 박혀 죽게 하신 이유는 자신의 주권적인 능력을 통해 우리에게 모든 것을 주기 위한 정당성을 확보하기 위해서다. "어찌 그 아들과 함께 모든 것을 우리에게 주시지 아니하겠느냐"라는 말씀은 하나님이 기꺼이 그렇게 하실 것이라는 뜻이다. 이것은 하나님의 아들이 흘리신 피를 통해 확실하게 보장된다.

그렇다면 이 말씀에서 "모든 것"은 무엇을 의미할까? 그 것은 하나님의 뜻을 행하고, 그분의 이름을 영화롭게 하고, 그분이 계시는 곳까지 안전하게 나아가 그분 앞에서 즐거 워하기 위해 우리에게 필요한 모든 것을 가리킨다.

바울은 위 구절로부터 세 절 뒤에 나오는 구절에서 그 런 일이 실제 현실 속에서(코로나 바이러스와 같은) 어떻게 이루 어지는지를 분명하게 설명했다. 하나님이 우리에게 "모든 것"을 주시겠다는 약속, 피로 보증된 무한한 약속은 코로나 바이러스에 대해 어떤 의미를 갖는가? 성경은 이렇게 말씀 한다.

> "누가 우리를 그리스도의 사랑에서 끊으리요 환난이나 곤고 나 박해나 기근이나 적신이나 위험이나 [코로나 바이러스나] 칼이랴 기록된 바 우리가 종일 주를 위하여 죽임을 당하게 되 며 도살당할 양 같이 여김을 받았나이다 함과 같으니라 그러 나 이 모든 일에 우리를 사랑하시는 이로 말미암아 우리가 넉 넉히 이기느니라"(롬 8:35-37).

"우리가 종일 주를 위하여 죽임을 당하게 되며"라는 놀랍고 고통스러운 말씀에 주목하라. 자기 아들을 아끼지 않고 내주신 하나님이 우리에게 주고자 하시는 "모든 것" 안에는 죽음을 안전하게 통과하는 것도 포함된다. 로마서 8장 38-39절은 "내가 확신하노니 사망이나 생명이나 다른 어떤 피조물이라도 우리를 우리 주 그리스도 예수 안에 있는 하나님의 사랑에서 끊을 수 없느니라"라고 말씀한다.

사탄의 악한 의도조차도 선으로 바꿔주신다

사탄이 하나님의 허락 아래 우리를 고난과 죽음으로 몰고 간다고 해도 그는 궁극적인 결정권자가 아니다. 사탄은 하나님의 허락이 없는 한, 우리를 해칠 수 없다(욥 1:12, 눅 22:31, 고후 12:7). 우리는 요셉이 자기를 노예로 팔아넘긴 형제들에게 했던 말을 사탄에게 해주어야 한다. 그는 "당신들은 나를 해하려 하였으나 하나님은 그것을 선으로 바꾸[셨다고] (God meant it for good)"(창 50:20) 말했다.

이 말씀을 희석시키지 않도록 조심하라. 이 말씀은 "하나님이 그것을 이용해 선을 이루셨다"라거나 "하나님이 그것을 선으로 바꾸셨다"라는 의미가 아니다. 이 말씀에는 "하나님이 처음부터 그렇게 되도록 의도하셨다"는 의미가 담겨 있다. 요셉의 형들은 악한 의도를 품었다. 그러나 하나님은 선한 목적을 지니고 계셨다. 그분은 그 악한 행위의 중간에 개입해 그런 악을 처리해 버리지 않으셨다. 그분은 처음부터 분명한 목적과 의도를 가지고 계셨다. 하나님은 처음부터 선을 위해 그것을 의도하셨다.

이것이 사람들이나 사탄이 우리에게 고통을 줄 때 위로를 얻을 수 있는 비결이다. 우리는 그리스도 안에서 사탄이나 악한 사람들에게 "너는 악한 의도를 지녔지만 하나님은 선한 의도를 지니셨다."라고 말할 수 있다. 사탄이나 질병이나 악한 사람들이나 그 무엇도 주권자가 될 수 없다. 주권자는 오직 하나님뿐이다. 그분은 선하고, 지혜로운 주권자이시다.

참새 한 마리는 물론, 머리털까지 주관하신다

예수님은 아름다운 표현을 사용해 제자들에게 하나님의
달콤한 주권을 가르치셨다.

> "참새 두 마리가 한 앗사리온에 팔리지 않느냐 그러나 너희
> 아버지께서 허락하지 아니하시면 그 하나도 땅에 떨어지지
> 아니하리라 너희에게는 머리털까지 다 세신 바 되었나니 두
> 려워하지 말라 너희는 많은 참새보다 귀하니라"(마 10:29-31).

하나님이 허락하지 않으시면 참새 한 마리도 땅에 떨어
지지 않는다. 하나님이 허락하지 않으시면 단 하나의 바이
러스도 활동할 수 없다. 하나님의 주권적 통치는 지극히 세
밀하다. 예수님은 또 어떻게 말씀하셨는가? 그분은 우리가
많은 참새보다 귀하며 머리털까지 다 세신 바 되었으니 두
려워 말라고 말씀하셨다.

왜 두려워할 필요가 없을까? 그 이유는 우리가 살든지
죽든지 하나님의 세밀한 주권이 그분의 거룩하심과 의로

우심과 선하심과 지혜를 통해 발현되기 때문이다. 하나님은 우리를 마음대로 처리할 수 있는 볼모로 간주하지 않으신다. 우리는 하나님의 귀한 자녀들이다. 우리는 "많은 참새보다 귀하다."

코로나 바이러스를 멈추게 할 능력이 있지만 그렇게 하지 않으시는 주권자께서 이런 와중에도 영혼을 지탱해주고 계시는 것을 아는 것, 이것이 앞서 말한 근심하는 자 같으나 항상 기뻐하는 비밀이다. 하나님은 우리를 지탱해주실 뿐 아니라 좋거나 나쁜 모든 것이 합력하여 선을 이루도록 모든 것을 주관하신다. "하나님을 사랑하는 자 곧 그의 뜻대로 부르심을 입은 자들에게는 모든 것이 합력하여 선을 이루느니라"(롬 8:28).

나의 일이 끝날 때까지 죽지 않는다

지난 2천 년 동안, 그리스도의 백성들은 죽음 앞에서도 그런 반석같이 견고한 확신을 가진 덕분에 담대한 삶을 살 수 있었다. 수많은 그리스도인들이 하나님의 선하고 지혜

로운 주권을 믿는 믿음을 통해 사랑의 희생을 기꺼이 감수
할 수 있는 능력을 얻었다.

예를 들어, 인도와 페르시아(이란)에서 선교사로 활동했
던 헨리 마틴은 서른한 살의 나이에 역병으로 세상을 떠났
다(1812년 10월 16일). 그가 죽기 9개월 전에 쓴 신앙 일기에서
이렇게 말했다.

> 어느 모로 보나 올해는 지금까지의 그 어느 해보다 더 위험할
> 것이다. 그러나 내가 페르시아어 신약성경을 완성할 때까지
> 산다면 나의 소임을 다한 셈이 될 것이다. 살든지 죽든지 내
> 안에서 그리스도께서 영광을 얻으시기를 소원한다. 만일 주
> 님이 내게 맡기실 일이 있다면 나는 죽지 않을 것이다.[2]

이것은 "내게 주어진 그리스도의 일을 마칠 때까지 나
는 죽지 않는다."라는 말로 간단히 요약된다. 이것은 한 치

---

2 Henry Martyn, *Journals and Letters of Henry Martyn* (New York: Protestant Episcopal Society, 1861), 460.

도 틀리지 않는 사실이다. 왜냐하면 삶과 죽음이 주권자이신 하나님의 손에 달려 있기 때문이다. 그리스도를 위한 모든 사역이 하나님의 손에 달려 있다. 헨리 마틴은 죽기 7년 전인 스물네 살 때 이렇게 말했다.

> 하나님이 우주의 주권자가 아니시라면 나는 참으로 비참할 것이다. 그러나 주님이 다스리시니, 땅은 즐거워하라. 그리스도의 대의가 승리할 것이다. 오, 나의 영혼아, 너는 그것을 알고 행복해하라.[3]

---

3 Martyn, *Journals and Letters*, 210.

2부

하나님은 코로나 바이러스를 통해
무엇을 하고 계시는가

보는 것과 가리키는 것

하나님이 주권자의 자리에서 물러나지 않으셨다면, 곧 그
분이 "모든 일을 그의 뜻의 결정대로"(엡 1:11) 다스리시고,
이 코로나 바이러스와 그로 인한 피해가 그분의 거룩하고,
의롭고, 선하고, 지혜로운 손을 통해 온 것이라면 그분은
과연 지금 무슨 일을 하고 계시는 것일까? 그분의 목적은
무엇일까?

인생을 의지하지 말라

이 질문에 대답하기 전에 먼저 나의 견해는 하나님의 지혜

에 비하면 전혀 중요하지 않다는 것을 분명히 해두고 싶다. 나 아닌 다른 사람들의 견해도 마찬가지다. 우리의 머리로 생각하는 것은 그다지 중요하지 않다. 성경은 "자기의 마음을 믿는 자는 미련한 자요"라고 말씀한다(잠 28:26). 성경은 우리에게 "너는 마음을 다하여 여호와를 신뢰하고 네 명철을 의지하지 말라"고 조언한다(잠 3:5).

인간인 우리는 유한하고 부패한 존재다. 우리는 문화적으로 제약을 받고, 우리의 유전자와 성장 환경의 영향을 받는다. 우리의 마음과 생각과 입은 온통 우리의 성향을 정당화하고 합리화하려는 것들만 쏟아낸다. 따라서 이사야 선지자의 말에 귀를 기울이는 것이 현명하다. "너희는 인생을 의지하지 말라 그의 호흡은 코에 있나니 셈할 가치가 어디 있느냐"(사 2:22).

그렇다면 내가 "하나님은 코로나 바이러스를 통해 무엇을 하고 계시는가?"라는 제목의 2부를 쓰는 것이나, 이 책을 쓰는 것은 주제넘은 행위가 아닐까?

그렇지 않다. 이것은 주제넘은 행위가 아니다. 왜냐하면 하나님이 성경을 통해 말씀하셨기 때문이다. 하나님은 우리에게 자기와 자기의 길을 깨우쳐주기 위해 자기를 낮춰 인간의 말로 말씀하셨다. "이는 그가 모든 지혜와 총명을 우리에게 넘치게 하사 그 뜻의 비밀을 우리에게 알리신 것이요"(엡 1:8, 9)라는 바울의 말은 참되다. 또한 바울은 "그것을 읽으면 내가 그리스도의 비밀을 깨달은 것을 너희가 알 수 있으리라"(엡 3:4)라고 말했다.

하나님은 자신이 세상에서 하고 계시는 일에 대해 침묵하지 않으신다. 그분은 우리에게 성경을 주셨다. 앞서 2장에서 성경을 하나님의 말씀으로 신뢰할 수 있는 이유를 밝힌 바 있다. 따라서 나는 하나님이 하고 계시는 일을 상상으로 그려내려는 것이 아니다. 나는 성경에 기록된 그분의 말씀을 귀 기울여 듣고, 내가 들은 것을 모두에게 전하려고 한다.

헤아리지 못할 하나님의 길

"하나님은 무엇을 하고 계시는가?"라는 질문에 대답하기 전에 한 가지 더 말해둘 것이 있다. 그것은 하나님이 우리가 알지 못하는 수많은 일을 하고 계신다는 것이다.

"여호와 나의 하나님이여 주께서 행하신 기적이 많고 우리를 향하신 주의 생각도 많아 누구도 주와 견줄 수가 없나이다 내가 널리 알려 말하고자 하나 너무 많아 그 수를 셀 수도 없나이다"(시 40:5).

코로나 바이러스와 관련된 하나님의 계획은 우리의 이해를 초월한다. 하나님의 계획은 많은 점에서 헤아리기 어렵다. "깊도다 하나님의 지혜와 지식의 풍성함이여 그의 판단은 헤아리지 못할 것이며 그의 길은 찾지 못할 것이로다"(롬 11:33). 바울의 말은 "그러니 성경을 덮고 우리의 현실을 스스로 만들어 나가자."라는 의미가 아니다.

오히려 하나님의 길이 헤아릴 수 없다는 바울의 말은 로마서 1장에서 11장에 걸쳐 세상에서 가장 놀라운 소식을 전하고 난 뒤에 나온 클라이맥스에 해당한다. 그 모든 소식은 이해할 수 있게 기록되었다. 예를 들어, 바울은 고난의 불가피성에 대해 이렇게 말했다.

"우리가 환난 중에도 즐거워하나니 이는 환난은 인내를, 인내는 연단을, 연단은 소망을 이루는 줄 **앎이로다** 소망이 우리를 부끄럽게 하지 아니함은 우리에게 주신 성령으로 말미암아 하나님의 사랑이 우리 마음에 부은 바 됨이니"(롬 5:3-5).

"앎이로다!" 성경이 기록된 이유는 하나님이 계시하신 것을 알게 하기 위해서다. 특히 고난에 관해(코로나 바이러스 질병의 발발을 포함하여) 알게 하기 위해서다. 따라서 헤아리지 못한다는 말은 하나님은 항상 우리가 볼 수 있는 그 이상을 하신다는 의미를 지닌다. 심지어 우리가 볼 수 있는 것도 그분이 계시해주지 않으셨다면 볼 수 없었을 것이다.

현실을 가리키는 것

내가 하려는 일은 존 레넌의 유명한 노랫말처럼 상상의 나래를 펼치는 것이 아니다.[4] 그는 천국도 없고, 지옥도 없고,

---

4 John Lennon, "Imagine," produced by John Lennon, Yoko Ono, and Phil Spector, Abbey Road, London, 1971.

오직 하늘(sky)만 있다고 상상해 보라고 말했다. 그는 그런 상상은 어렵지 않으니까 시도해보라고 한다. 맞는 말이다. 상상은 쉽다. 너무나도 쉽다. 그러나 코로나 바이러스는 상상이 아닌 엄연한 현실이다. 하나님과 그분의 말씀은 우리에게 필요한 현실이다. 하나님은 우리의 발을 받쳐주는 반석이시다. 따라서 나의 목적은 현실을 창조하는 것이 아니라 현실을 가리키는 것이다. 하나님이 말씀하신 것을 듣고, 상상이 아닌 실제 그대로의 현실을 여러분에게 보여주는 것이 나의 목표다.

나는 성경의 가르침을 소개하고, 코로나 바이러스와 그것이 어떻게 관련되는지 설명할 것이다. 무엇이 옳은지 판단하는 것은 여러분의 몫이다.

내가 이런 말을 하는 이유는 예수님이 "시대를 분간하라"라고 말씀하셨기 때문이다. 그분은 사람들이 이성을 활용해 날씨는 분간하면서 역사 속에서 이루어지는 하나님의 사역은 분간하지 못하는 것을 보고 분노하셨다.

"외식하는 자여 너희가 천지의 기상은 분간할 줄 알면서 어찌 이 시대는 분간하지 못하느냐 또 어찌하여 옳은 것을 스스로 판단하지 아니하느냐"(눅 12:56, 57).

나는 여러분 모두가 하나님의 도우심을 구하고, 그분의 말씀을 살피고, 무엇이 옳은지 스스로 판단하기를 바란다. 내가 말한 것을 성경에 비춰보고(요일 4:1), 선한 것을 취하기를(살전 5:21) 바란다.

따라가야 할 여섯 가지 길

나는 "하나님은 코로나 바이러스를 통해 무엇을 하고 계시는가?"라는 질문에 대해 여섯 가지 대답을 제시할 생각이다. 이 대답들 각각에 대해 많은 말을 할 수 있겠지만, 지금은 상황이 급박하기 때문에 그렇게까지 할 시간이 없다. 나는 단지 이 책을 덮고 나서 여러분이 추구했으면 하는 성경적 진리의 길들을 가리키는 것으로 만족할 생각이다. 그 길을 함께 걸어갈 수 있으면 좋겠지만 각자에게 맡길 수밖에 없는 상황이다. 하나님이 여러분을 인도해주시기를 기도한다.

　하나님은 과연 코로나 바이러스를 통해 무엇을 하고 계
시는가?

6장
끔찍한 도덕적 현실을 그림처럼 보여줌

대답 1

다른 재난이 닥쳤을 때도 마찬가지지만
코로나 바이러스의 발발을 통해서도 하나님은 세상 사람들에게
하나님을 경홀히 여기는 죄의 영적인 추악함과
그 끔찍한 도덕적 현실을 그림처럼 보여주신다.

모든 물리적인 불행이 존재하는 이유는 죄 때문이다. 창세기 3장은 죄가 세상에 들어오게 된 과정을 보여준다. 세상의 황폐함과 불행의 원인은 죄에 있다(창 3:1-19). 바울은 로마서 5장 12절에서 "한 사람으로 말미암아 죄가 세상에 들어오고 죄로 말미암아 사망이 들어왔나니 이와 같이 모든 사람이 죄를 지었으므로 사망이 모든 사람에게 이르렀느니라"라고 말했다.

죄가 들어온 후 세상은 처참하게 망가졌다. 아름다운 모든 것에 악과 재난과 질병과 실패가 뒤섞였다. "하나님이 지으신 그 모든 것을 보시니 보시기에 심히 좋았더라"(창 1:31)라는 말씀대로, 하나님이 본래 창조하신 세상은 완전했다. 그러나 인간의 타락으로 죄가 세상에 들어온 이후부터 오늘날까지의 역사는 그 모든 경이로움에도 불구하고 죽음의 컨베이어 벨트가 되었다.

황폐함은 심판이다

성경은 이런 황폐함을 자연적인 결과가 아닌 죄가 침투한 세상에 대한 하나님의 심판으로 간주한다. 바울은 죄로 인한 하나님의 심판의 결과를 이렇게 묘사했다.

> "피조물이 허무한 데 굴복하는 것은 자기 뜻이 아니요 오직 굴복하게 하시는 이로 말미암음이라 그 바라는 것은 피조물도 썩어짐의 종노릇한 데서 해방되어 하나님의 자녀들의 영광의 자유에 이르는 것이니라 피조물이 다 이제까지 함께

탄식하며 함께 고통을 겪고 있는 것을 우리가 아느니라"(롬 8:20-22).

허무함, 썩어짐의 종노릇, 탄식은 죄가 세상에 들어온 이후에 발생한 세상의 황폐함과 불행을 묘사한다. 바울은 이런 황폐함이 하나님의 심판 때문이라고 말했다. 허무한 데 굴복하게 한 것은 사탄도 아니고, 아담도 아니었다. 하나님이 그렇게 하셨다. 바울은 로마서 5장 16절에서 "심판은 한 사람으로 말미암아 정죄에 이르렀으나"라고 말했다.

하나님의 자녀들마저 심판 아래 있다

확실히 위의 구절에는 소망이 넘친다. "하나님의 아들들의 영광의 자유"(롬 8:21)라는 표현에 그 소망이 담겨 있다. 하나님은 새 창조를 통해 "모든 눈물을 그 눈에서 닦아 주실"(계 21:4) 놀라운 계획을 세우셨다. 그러나 지금은 모두가 그분의 심판 아래 있다. 하나님은 세상을 죽음과 재난과 불행에 굴복시키셨다.

심지어 하나님이 "예정하사…자기의 아들들이 되게" 하셨고(엡 1:5), 독생자의 피로 말미암아 속량하셨고(엡 1:7), 영원한 생명을 주기로 작정된(엡 1:18) 하나님의 자녀들조차도 타락으로 인한 하나님의 심판 아래 고난을 받고, 죽음을 경험한다. "그뿐 아니라 또한 우리 곧 성령의 처음 익은 열매를 받은 우리까지도 속으로 탄식하여 양자 될 것 곧 우리 몸의 속량을 기다리느니라"(롬 8:22). 그리스도인들도 쓰나미에 휩쓸려 갈 수 있고, 테러 공격에 희생될 수 있고, 코로나 바이러스에 감염될 수 있다.

징벌이 아닌 정화

그러나 그리스도를 가장 귀한 보화로 여기는 자들, 곧 그리스도인들의 경우는 그런 썩어짐의 경험이 징벌이 아니라는 차이가 있다. "그러므로 이제 그리스도 예수 안에 있는 자에게는 결코 정죄함이 없나니"(롬 8:1). 우리에게 주어지는 고통은 징벌이 아닌 정화의 목적을 띤다.

"하나님이 우리를 세우심은 노하심에 이르게 하심이 아

니요"(살전 5:9). 우리도 다른 모든 사람처럼 질병과 재난으로 인해 죽는다. 그러나 그리스도 안에 있는 자들에게는 사망의 "쏘는 것"이 제거되었다(고전 15:55). 그래서 그들에게는 "죽는 것도 유익하다"(빌 1:21). 세상을 떠나는 것은 곧 "그리스도와 함께 있는 것"이다(빌 1:23).

사탄은 실재하지만 제약을 받는 존재이다

이 세상의 불행이 하나님의 심판에서 비롯한 것이라는 말은 사탄이 세상의 불행에 관여한다는 사실을 배제하지 않는다. 성경은 사탄을 "이 세상의 신"(고후 4:4), "이 세상의 임금"(요 12:31), "공중의 권세 잡은 자"(엡 2:2) 등으로 일컫는다. 그는 "처음부터 살인한 자"이다(요 8:44). 그는 많은 질병으로 사람들을 속박하고, 억압한다(눅 13:16, 행 10:38).

그러나 사탄은 하나님의 통제를 받는다. 그는 하나님의 허락이 없으면 행동하지 못한다. 그는 하나님의 허락이 있어야만 행동할 수 있다(욥 1:12, 2:6, 눅 22:31, 고후 12:7). 사탄이 가져다주는 피해의 정도는 하나님이 결정하신다. 사탄은 하

나님의 심판과 무관하지 않다. 그는 자기도 모르게 하나님
의 심판을 이루는 도구로 사용된다.

핵심 질문

코로나 바이러스의 의미를 밝혀줄 질문을 하나 생각해보
자. 하나님이 물리적인 심판을 통해 세상의 도덕적인 악을
징치하시는 이유는 무엇일까? 아담과 하와는 하나님을 거
역했다. 그들은 마음으로 하나님을 거스르고, 그분의 지혜
보다 자신의 지혜를 선호했으며, 신뢰가 아닌 독립을 선택
했다. 그런 거역과 선호와 선택은 영적이고, 도덕적인 악에
해당한다. 그것은 육체가 아닌 영혼의 죄요, 사람이 아닌
하나님을 거스르는 죄였다.

　그러나 하나님은 물리적인 세상에 재난과 불행을 가져
다주어 인간들의 도덕적이고 영적인 반역 행위를 벌하셨
다. 왜일까? 왜 물리적인 세상은 선한 상태로 그냥 놔둔 채
로 죄를 저지른 인간의 영혼만 심판하지 않으셨을까?

질문에 대한 대답

나의 대답은 이렇다. 하나님이 물리적인 세상을 저주 아래 두신 이유는 질병과 재난 안에서 목격하는 물리적 끔찍함이 죄의 끔찍함을 생생하게 보여주는 그림이 되게 하기 위해서이다. 다시 말해, 물리적인 악은 하나님을 거스른 도덕적인 악을 가리키는 푯말이자 비유이자 드라마다.

이것이 적절한 이유는 무엇일까? 그 이유는 타락으로 인해 죄로 눈멀은 우리의 현재 상태로는 하나님을 거스르는 죄가 얼마나 불쾌한 것인지를 보거나 느낄 수가 없기 때문이다. 하나님보다 다른 것을 더 좋아하는 것이 얼마나 끔찍한 것인지를 스스로 깨닫는 사람은 세상에 아무도 없다. 하나님을 무시하고 거역함으로써 날마다 그분을 멸시하며 살아가고 있는 것을 근심하느라 밤잠을 설치는 사람이 과연 있는가?

그러나 우리는 물리적인 고통은 즉각 느낀다. 하나님이 우리의 육체를 건드리시면 우리는 매우 분개할 수도 있다. 날마다 마음으로 하나님을 욕되게 하는 것은 근심하지 않지만 코로나 바이러스가 발발해 우리의 육체를 위협하면 곧바로 하나님께 주의를 기울인다. 물리적인 고통은 세상에 무엇인가 심각하게 잘못된 것이 있음을 알리는 하나님의 나팔소리이다. 육체의 질병과 장애는 영적 영역 안에 존재하는 죄의 본질을 물리적인 차원에서 생생하게 보여주는 기능을 한다.

이것은 엄연한 사실이다. 가장 경건한 사람들 가운데도 세상에서 육체의 질병과 기형을 안고 사는 사람들이 일부 있지만 그럼에도 이것은 변함 없는 사실이다. 불행과 재난은 죄의 대가가 무엇인지를 일깨워주고, 장차 심판을 통해 수천 배나 더 큰 고통이 주어질 것을 미리 보여주는 역할을 한다. 그것들은 하나님을 거스른 죄의 영적 추악함과 도덕적인 끔찍함을 일깨우는 경고다.

바라건대, 머리 모양에 기울이는 관심보다 훨씬 덜한 관심을 창조주께 기울여 그분을 멸시하고, 무시하고, 불신하고, 욕되게 하는 죄가 얼마나 불경스럽고, 무례하고, 가증스러운 것인지를 모두가 깨닫고 느꼈으면 좋겠다. 하나님을 욕되게 하는 죄의 도덕적인 추악성을 깨닫고, 그것을 미

위하는가? 만일 그렇지 않다면 그것은 하나님이 코로나 바이러스와 같은 물리적인 불행을 통해 그것을 생생하게 보여주시지 않아서가 아니라 우리의 마음이 강퍅하기 때문일 것이다. 하나님은 자비로우시게도 지금 우리를 향해 "깨어라! 나를 거스른 죄가 이렇게 무섭고 흉측하다. 죄는 코로나 바이러스보다 훨씬 더 위험하다."라고 외치고 계신다.

7장

특정한 사람들에게
하나님의 심판을 내림

대답 2

사람들 가운데 더러는 악한 태도와 행위 때문에

하나님의 특별한 심판을 받아

코로나 바이러스에 감염되기도 할 것이다.

모든 불행은 타락의 결과, 곧 하나님을 멸시한 죄가 세상에
들어온 결과다. 그러나 그렇다고 해서 개인들이 겪는 고난
이 모두 다 그 사람의 죄에 대한 하나님의 특별한 심판인
것은 아니다. 예를 들어, 욥의 고난은 그의 죄와 아무 상관
이 없었다. "욥은…온전하고 정직하여 하나님을 경외하며
악에서 떠난 자더라"(욥 1:1)라는 욥기서의 첫 문장이 그 점
을 분명하게 보여준다.

앞서 말한 대로 하나님의 백성도 심판으로 인한 물리적인 결과를 많이 경험한다. 베드로 사도는 이렇게 말했다.

"하나님의 집에서 심판을 시작할 때가 되었나니 만일 우리에게 먼저 하면 하나님의 복음을 순종하지 아니하는 자들의 그 마지막은 어떠하며 또 의인이 겨우 구원을 받으면 경건하지 아니한 자와 죄인은 어디에 서리요"(벧전 4:17, 18).

"하나님의 집"에 대해서는, 심판은 징벌이 아닌 정화의 목적을 지닌다. 따라서 모든 고난이 다 특정한 죄에 대한 하나님의 특정한 심판 때문인 것은 아니다. 그럼에도 불구하고 하나님은 때로 하나님을 거부하고, 죄에 빠져 살아가는 사람들에게 특별한 심판을 내리신다.

특정한 죄에 대한 특정한 심판의 사례들

특정한 죄에 대해 특정한 심판이 주어진 사례를 두 가지만 언급하면 다음과 같다.

사도행전 12장에서 헤롯 왕은 사람들이 자기를 신으로 일컫자 교만하게도 그것을 흡족하게 여겼다. 그때 "주의 사자가 곧 치니 벌레에게 먹혀 죽으니라"(행 12:23)는 말씀 대로 그는 심판을 받았다. 영광을 하나님께 돌리지 않은 탓 이다. 하나님은 스스로를 높이는 사람들 모두를 그렇게 심 판하실 수 있다. 사실, 헤롯 외에도 많은 통치자들이 하나 님과 사람 앞에서 교만하게 행동한 탓에 죽어 엎드러지는 것이 마땅하지만, 하나님이 그렇게 하지 않으시는 것은 진 정 큰 자비가 아닐 수 없다.

또 한 가지 사례는 동성애의 죄에 대한 심판이다. 바울 사도는 로마서 1장 27절에서 "그와 같이 남자들도 순리대 로 여자 쓰기를 버리고 서로 향하여 음욕이 불 일 듯하매 남자가 남자와 더불어 부끄러운 일을 행하여 그들의 그릇 됨에 상당한 보응을 그들 자신이 받았느니라"라고 말했다. 여기서 "상당한 보응"이란 그들이 저지른 죄로 인해 그들 에게 임한 고통스러운 결과를 가리킨다.

"상당한 보응"은 로마서 1장 18절에 나오는 하나님의 심판의 한 가지 예에 불과하다. 로마서 1장 18절은 "하나님의 진노가 불의로 진리를 막는 사람들의 모든 경건하지 않음과 불의에 대하여 하늘로부터 나타나나니"라고 말씀한다. 이처럼 모든 고난이 특정한 죄에 대한 특정한 심판인 것은 아니지만, 일부는 그러하다.

우리 모두 자신의 영혼을 살피자

그러므로 코로나 바이러스는 결코 단순히 어떤 사람에 대한 확실하고 단순한 징벌이 아니다. 성령 충만하고 가장 사랑이 많은 그리스도인도 코로나 바이러스에 감염되어 목숨을 잃을 수 있다. 그러나 우리 모두 우리의 고난이 우리의 행위에 대한 하나님의 심판은 아닌지 우리의 마음을 면밀하게 살피는 것이 합당하다.

그리스도를 믿는 우리는 우리의 고난이 징벌의 목적을 지닌 심판이 아니라는 것을 분명하게 알고 있다. 우리가 그렇게 확신할 수 있는 이유는 예수님이 "내 말을 듣고 또 나 보내신 이를 믿는 자는 영생을 얻었고 심판에 이르지 아니하나니 사망에서 생명으로 옮겼느니라"(요 5:24)라고 말씀하셨기 때문이다. 그리스도 예수 안에 있는 자들에게는 정죄함이 없다(롬 8:1). 우리의 고난은 파멸이 아닌 징계의 목적을 지닌다. "주께서 그 사랑하시는 자를 징계하시고 그가 받아들이시는 이들마다 채찍질하심이라"(히 12:6).

8장
그리스도의 재림을 대비하라는 신호

대답 3

코로나 바이러스는
그리스도의 재림을 대비하라는 하나님의 경종이다.

교회의 역사를 돌아보면 종말을 그릇 예고한 사례들이 많
지만 예수 그리스도의 재림은 변하지 않는 진리다. 천사는
예수님이 승천하실 때 "갈릴리 사람들아 어찌하여 서서 하
늘을 쳐다보느냐 너희 가운데서 하늘로 올려지신 이 예수
는 하늘로 가심을 본 그대로 오시리라"(행 1:11)라고 말했다.

예수님은 재림하실 때, 세상을 심판하실 것이다.

"인자가 자기 영광으로 모든 천사와 함께 올 때에 자기 영광

의 보좌에 앉으리니 모든 민족을 그 앞에 모으고 각각 구분하기를 목자가 양과 염소를 구분하는 것같이 하여"(마 25:31-32).

그리스도를 맞이할 준비가 안 된 사람들은 그 날이 덫에 걸리는 것처럼 느닷없이 찾아올 것이다.

"너희는 스스로 조심하라 그렇지 않으면 방탕함과 술 취함과 생활의 염려로 마음이 둔하여지고 뜻밖에 그 날이 덫과 같이 너희에게 임하리라"(눅 21:34).

산고(産苦)

예수님은 전쟁, 기근, 지진 등, 재림의 징조가 있을 것이라고 말씀하셨다(마 24:7). 그분은 이런 징조들을 "산고"(NIV 성경 참조—역자주)로 일컬으셨다. 세상은 산통을 느끼는 여인처럼 예수님의 재림으로 이루어질 새 세상의 탄생을 위한 고통을 겪는다.

바울은 로마서 8장 22절에서 이 비유적 표현을 사용해

현세의 모든 탄식, 곧 코로나 바이러스와 같은 질병과 재난
과 불행의 고통을 "산고"로 간주했다. 우리는 예수님의 재
림을 통해 몸의 속량이 이루어질 때, 곧 그분이 죽은 자들
을 살려 영광스러운 새 육체를 허락하실 때를 기다리며 탄
식한다.

> "그 바라는 것은 피조물도 썩어짐의 종노릇한 데서 해방되어
> 하나님의 자녀들의 영광의 자유에 이르는 것이니라 피조물이
> 다 이제까지 함께 탄식하며 함께 고통을 겪고 있는 것을 우리
> 가 아느니라 그뿐 아니라 또한 우리 곧 성령의 처음 익은 열
> 매를 받은 우리까지도 속으로 탄식하여 양자 될 것 곧 우리
> 몸의 속량을 기다리느니라"(롬 8:21-23).

깨어 있으라

예수님은 우리가 코로나 바이러스를 비롯한 모든 형태의
산고를 재림의 징조로 받아들여 자신의 재림에 대비하기
를 바라신다. 그분은 "너희도 준비하고 있으라 생각하지

않은 때에 인자가 오리라"(마 24:44)라고 말씀하셨다.

예수님의 말씀을 심각하게 받아들이기 위해 재림의 날짜를 설정할 필요는 없다. 예수님이 하신 말씀은 오해의 여지가 없다. "주의하라 깨어 있으라 그 때가 언제인지 알지 못함이라…집 주인이 언제 올는지…너희가 알지 못함이라…깨어 있으라 내가 너희에게 하는 이 말은 모든 사람에게 하는 말이니라"(막 13:33-37).

메시지는 분명하다. 깨어 있으라! 깨어 있으라! 깨어 있으라! 자연 세계의 산고는 이 메시지를 전하는 데 그 목적이 있다. 그러나 깨어 있지 않은 사람들이 얼마나 많은지 모른다. 그들은 정신없이 분주하게 활동하지만 예수 그리스도의 재림에 대해서는 아무런 관심이 없다. 참으로 위험천만한 일이 아닐 수 없다. 코로나 바이러스는 깨어 준비하라는 자비로운 기상 신호다.

준비하는 방법은 예수 그리스도께 나와 죄 사함을 받고, 빛 가운데 행하는 것이다. 그렇게 하면 바울이 말한 "빛의 아들들" 가운데 속하게 될 것이다. 그는 이렇게 말했다.

"형제들아 너희는 어둠에 있지 아니하매 그 날이 도둑 같이 너희에게 임하지 못하리니 너희는 다 빛의 아들이라…그러므로 오직 깨어 정신을 차릴지라…하나님이 우리를 세우심은 노하심에 이르게 하심이 아니요 오직 우리 주 예수 그리스도로 말미암아 구원을 받게 하심이라 예수께서 우리를 위하여 죽으사 우리로 하여금 깨어 있든지 자든지 자기와 함께 살게 하려 하셨느니라"(살전 5:4-10).

9장

그리스도의 무한한 가치에 비추어
삶을 재정렬하라는 신호

대답 4

코로나 바이러스는 우리 모두 회개하고,

그리스도의 무한한 가치에 비추어 삶을 재정렬하라는

하나님의 우레와 같은 신호다.

비단 코로나 바이러스만이 회개를 촉구하는 유일한 신호인 것은 아니다. 홍수, 기근, 메뚜기떼, 쓰나미, 질병 등 모든 자연재해가 회개를 촉구하는 하나님의 자비로운 부르심에 해당한다.

이런 사실이 누가복음 13장 1-5절에서 재난에 관해 가르치신 예수님의 가르침 안에 분명하게 드러나 있다.

"그 때 마침 두어 사람이 와서 빌라도가 어떤 갈릴리 사람들의 피를 그들의 제물에 섞은 일로 예수께 아뢰니 대답하여 이르시되 너희는 이 갈릴리 사람들이 이같이 해 받으므로 다른 모든 갈릴리 사람보다 죄가 더 있는 줄 아느냐 너희에게 이르노니 아니라 너희도 만일 회개하지 아니하면 이와 같이 망하리라 또 실로암에서 망대가 무너져 치어 죽은 열여덟 사람이 예루살렘에 거한 다른 모든 사람보다 죄가 더 있는 줄 아느냐 너희에게 이르노니 아니라 너희도 만일 회개하지 아니하면 다 이와 같이 망하리라"(눅 13:1-5).

빌라도는 성전에서 예배하던 사람들을 죽였고, 실로암 망대는 무너져 열여덟 명이 죽었다. 전자는 인간의 사악함으로 인한 재난이었고, 후자는 사고로 발생한 재난이었다.

재앙의 의미

사람들은 "이것이 무슨 의미입니까? 특정한 죄에 대한 하나님의 특정한 심판인가요?"라는 궁금증을 품고 예수님의 대답을 듣고 싶어 했다. 예수님의 대답은 놀라웠다. 그분은 그런 재난 때문에 죽은 사람들만이 아닌 모든 사람에게 적용되는 의미를 끌어내셨다. 그분은 "그렇지 않다. 빌라도에게 살해된 사람들이나 망대에 깔려 죽은 사람들이 너희보다 죄가 더 많아서 그렇게 된 것이 아니다."라고 대답하셨다.

너희라고 하셨나? 예수님이 그들의 죄를 끄집어내신 이유는 무엇일까? 그들은 자신들의 죄에 대한 예수님의 생각을 묻지 않았다. 그들은 자신들이 아닌 희생자들에 대한 재난의 의미를 알고 싶어 했다.

예수님의 대답은 놀라웠다. 그분은 그런 재난의 의미를 모든 사람에게 적용하셨다. "회개하라. 그렇지 많으면 멸망할 것이다." 이것이 예수님의 메시지였다. 예수님은 "만일 회개하지 아니하면 다 이와 같이 망하리라"라고 두 차례나 말씀하셨다(눅 13:3, 5).

아직 시간이 있을 때 부르시는 자비로운 부르심

예수님은 어떤 일을 하신 것일까? 그분은 놀란 사람들의 관심을 바른 방향으로 이끌어주셨다. 사람들은 재난을 놀라워하며 예수님의 의견을 물었지만 그런 물음 자체가 잘못된 것이었다. 그들은 사람들이 잔인하게 살해되고, 무의미하게 사고로 죽은 것에 놀라워했다. 그러나 예수님은 "너희는 오히려 너희가 살해되거나 깔려 죽지 않은 것을 놀라워해야 한다. 회개하지 않으면 너희도 언젠가 그런 심판을 받게 될 것이다."라고 말씀하셨다.

하나님은 모든 재난을 통해 자비로운 메시지를 전달하신다. 우리는 모두 멸망할 운명에 처한 죄인들이고, 재난은 아직 시간이 있을 때 회개하고 구원받으라는 하나님의 자비로운 부르심이다. 예수님은 죽은 자들에게서 산 자들에게로 초점을 옮겨, "죽은 자들에 대해서는 말하지 말고, 너희 자신에 대해 말해보자. 그것이 더 시급한 일이다. 그들에게 일어난 일은 너희에 관한 일이다. 너희가 관심을 기울여야 할 것은 그들의 죄가 아닌 너희 자신의 죄다."라고 말씀하신 것이다. 나는 이것이 하나님이 코로나 바이러스를 통해 세상에 전하시려는 메시지라고 믿는다. 하나님은 온 세상을 향해 아직 시간이 있을 때 회개하라고 말씀하신다.

회개란 무엇인가

좀 더 구체적으로 생각해보자. 회개의 의미는 무엇인가? 이 용어는 신약성경에서 마음과 생각을 바꾼다는 의미로 사용되었다. 피상적인 견해나 의견을 바꾸는 것이 아니라 심원한 변화를 통해 하나님과 예수님이 어떤 분인지 참으로 깨닫고, 깊이 경모하는 것을 의미한다. 예수님은 그런 변화를 이렇게 묘사하셨다.

> "네 마음을 다하고 목숨을 다하고 뜻을 다하여 주 너의 하나님을 사랑하라"(마 22:37).

> "아버지나 어머니를 나보다 더 사랑하는 자는 내게 합당하지 아니하고 아들이나 딸을 나보다 더 사랑하는 자도 내게 합당하지 아니하며"(마 10:37).

다시 말해, 회개가 요구하는 마음과 생각의 가장 근본적인 변화는 우리의 전부를 바쳐 하나님을 자신의 보화로 여

기고, 다른 어떤 관계보다 예수님을 더 보화로 여기는 것을
의미한다.

예수님이 우리에게 멸망할 것이라고
경고하시는 이유는 무엇일까

회개하지 않으면 멸망할 것이라고 예수님이 경고하시는
이유는 우리가 하나님을 저버리고 열등한 것들을 더 좋아
하고 추구하기 때문이다(롬 1:22-23). 우리는 예수님을 재물
이나 오락이나 친구나 가족보다 더 못하게 취급한다. 우리
가 멸망해야 마땅한 이유는 규칙을 어겨서가 아니라 하나
님이 예수 그리스도 안에서 우리를 위하신다는 사실이 갖
는 무한한 가치를 멸시했기 때문이다.

자신을 죽이는 우상숭배에서 깨어나라

회개는 금보다 양철을, 견고한 반석보다 모래를, 해변에서
의 휴가보다 시궁창에서의 놀이를 더 좋아하는 우리의 우

매함에서 깨어나는 것을 의미한다. C. S. 루이스는 이렇게 말했다.

> 우리는 무한한 기쁨이 제공되었는데도 불구하고 술과 섹스와 야심에 사로잡혀 삶을 헛되이 낭비하는 어리석은 피조물이다. 우리는 마치 해변에서의 휴가가 제공되었는데도 그것이 무엇인지 알지 못해 빈민가에서 진흙 파이를 만들고 싶어 하는 무지한 어린아이와 같다. 우리는 너무나도 하찮은 일에서 기쁨을 느낀다.[5]

루이스가 말한 "무한한 기쁨"은 그리스도의 가치와 아름다우심과 위대하심을 보고, 맛보고, 나누는 경험을 가리킨다.

---

5 C. S. Lewis, "The Weight of Glory," in *The Weight of Glory and Other Addresses* (1949; repr., New York: Harper, 2009), 26.

우리를 깨우쳐 그리스도를 의지하도록
이끄는 하나님의 손길

하나님이 코로나 바이러스를 허락하신 이유는 생생하고 고통스러운 현실을 통해 세상에는 궁극적인 안전과 만족을 주는 것이 없다는 것을 일깨워주시기 위해서다. 그런 것들은 오직 예수님의 무한한 위대하심과 가치 안에서만 발견할 수 있다. 온 세상에 만연한 이 질병은 이동과 사업 활동과 사회적 관계의 자유를 빼앗아 갔다. 이 질병은 우리의 안전과 위로를 빼앗아 갔고, 궁극적으로는 우리의 생명을 빼앗아 갈 수도 있다.

하나님이 우리를 이런 손실에 노출시키시는 이유는 우리를 깨우쳐 그리스도를 의지하게 하심이다. 다시 말해, 하나님이 재난을 세상을 향해 그리스도를 제공하는 기회로 삼으시는 이유는, 고난 속에서도 그리스도로 말미암아 유지되는 우리의 기쁨을 통해 우리의 최고의 만족 되시는 그분의 위대함이 가장 밝게 빛나기 때문이다.

절망의 선물

하나님이 바울을 절망스러운 상황에까지 이르게 하신 이유를 잠시 생각해보자.

> "형제들아 우리가 아시아에서 당한 환난을 너희가 모르기를 원하지 아니하노니 힘에 겹도록 심한 고난을 당하여 살 소망까지 끊어지고 우리는 우리 자신이 사형 선고를 받은 줄 알았으니 이는 우리로 자기를 의지하지 말고 오직 죽은 자를 다시 살리시는 하나님만 의지하게 하심이라"(고후 1:8-9).

바울은 그런 절망의 경험을 사탄의 역사나 우연한 사고로 간주하지 않았다. 거기에는 목적이 있었다. 그는 "이는 우리로 자기를 의지하지 말고 오직 죽은 자를 다시 살리시는 하나님만 의지하게 하심이라"라는 말로 생명을 위협하는 경험의 목적을 분명하게 밝혔다.

우리 자신을 의지하지 말고, 하나님을 의지하라는 것이 코로나 바이러스가 주는 메시지이다. 우리는 죽음을 멈추게 할 능력이 없지만 하나님은 심지어 죽은 자도 다시 살리실 수 있다. 물론, 하나님을 의지한다고 해서 아무 일도 하지 않는 자가 되라는 뜻은 결코 아니다. 그리스도인들은 아무것도 하지 않는 사람이 될 수 없다. 이 말은 우리가 하는 모든 행위의 근거이자 본보기이자 목적은 하나님이라는 뜻이다. 바울은 "내가 모든 사도보다 더 많이 수고하였으나 내가 한 것이 아니요 오직 나와 함께 하신 하나님의 은혜로다"(고전 15:10)라고 말했다.

코로나 바이러스는 하나님을 삶의 모든 영역을 아우르는 가장 중요한 현실로 받아들이라고 요구한다. 우리의 생명은 호흡에 의존하는 것보다 더 하나님께 의존한다. 하나님은 때로 우리를 자신에게로 데려가시기 위해 우리의 호흡을 거두기도 하신다.

가시의 의미

바울의 고통스러운 육체의 가시에 하나님의 어떤 목적이 숨어 있었는지 잠시 생각해보자.

"여러 계시를 받은 것이 지극히 크므로 너무 자만하지 않게 하시려고 내 육체에 가시 곧 사탄의 사자를 주셨으니 이는 나를 쳐서 너무 자만하지 않게 하려 하심이라 이것이 내게서 떠나가게 하기 위하여 내가 세 번 주께 간구하였더니 나에게 이르시기를 내 은혜가 네게 족하도다 이는 내 능력이 약한 데서 온전하여짐이라 하신지라 그러므로 도리어 크게 기뻐함으로 나의 여러 약한 것들에 대하여 자랑하리니 이는 그리스도의 능력이 내게 머물게 하려 함이라"(고후 12:7-9).

바울은 큰 계시를 받는 축복을 누렸다. 하나님은 교만의 위험을 보셨고, 사탄은 진리와 기쁨의 위험을 보았다. 하나님은 사탄의 계략을 아시고, 바울을 파멸시키려는 그의 의도가 오히려 바울의 겸손과 기쁨을 더욱 독려하게끔 만드셨다. 바울에게는 "육체의 가시"가 있었다. 이것은 곧 "사탄의 사자"이기도 했지만, 또한 하나님의 사자이기도 했다. 그 가시가 구체적으로 무엇이었는지는 잘 모르겠지만 고통스러운 것은 분명했다. 바울은 그것을 없애달라고 그리스도께 세 차례나 기도했다.

그러나 그리스도는 그렇게 하지 않으셨다. 그분은 그 고통에 대해 목적을 가지고 계셨다. "내 능력이 약한 데서 온전하여짐이라"(고후 12:9)는 말씀에 그 목적이 나타나 있다. 그분의 목적은 바울의 견고한 믿음과 기쁨을 통해 그리스도께서 육체의 건강보다 더 귀한 가치를 지니시는 분으로 빛나는 것이었다. 바울은 그 목적에 어떻게 반응했을까? 그는 이렇게 말한다. "도리어 크게 기뻐함으로 나의 여러 약한 것들에 대하여 자랑하리니".

기뻐하였다고? 어떻게 그럴 수가 있을까? 바울은 왜 육체의 가시를 기쁘게 받아들였을까? 그 이유는 그의 인생의 가장 큰 목표가 살든지 죽든지 그의 몸에서 그리스도께서 존귀하게 되시는 것이었기 때문이다(빌 1:20). 그리스도의 아름다우심을 알고, 그분을 가장 귀한 보화로 여기고, 그분이 건강과 생명보다 더 큰 가치를 지니고 계신다는 것을 세상에 보여주는 것이 곧 바울의 기쁨이었다. 마사 스넬 니콜슨(1898-1953)은 "가시"라는 제목의 아름다운 시에서 이렇게 말했다.

"나는 깨달았노라. 하나님이 가시를 허락하실 때는 반드시 은혜를 더 많이 주신다는 것을.

그분은 가시를 핀처럼 사용하사 휘장을 제쳐 고정시켜 놓고, 휘장 뒤에 감추어져 있던 자신의 얼굴을 보여주신다."

잃음으로써 얻는다

바울이 육체적 손실을 달갑게 받아들인 이유는 잃음으로써 그리스도를 더욱 온전히 얻게 되었기 때문이다.

"또한 모든 것을 해로 여김은 내 주 그리스도 예수를 아는 지식이 가장 고상하기 때문이라 내가 그를 위하여 모든 것을 잃어버리고 배설물로 여김은 그리스도를 얻고"(빌 3:8).

이것, 곧 마음과 생각이 변화되어 그리스도 안에서 하나님을 생명보다 더 귀하게 여기게 되는 것이 바로 회개의 의미다. "주의 인자하심이 생명보다 나으므로 내 입술이 주를 찬양할 것이라"(시 63:3). 이것이 바울의 믿음이었다.

살든지 죽든지 그것은 변하지 않는 사실이었다. 살았을 때도 그리스도께서 모든 즐거움 중에서 최상의 즐거움이시고, 죽었을 때도 "주의 앞에는 충만한 기쁨이 있고 주의 오른쪽에는 영원한 즐거움이 있나이다"(시 16:11)라는 말씀대로 그분이 기쁨이 되신다.

코로나 바이러스로 인해 작게는 사소한 불편함에서부터 크게는 생명을 잃는 일까지 온갖 손실이 발생한다. 바울이 기뻐한 비밀을 알면 잃음으로써 얻을 것이다. 이것이 지금 하나님이 세상을 향해 말씀하고 계시는 것이다. 회개하고, 그리스도의 무한한 가치를 소중히 여기는 삶을 살라.

10장
위험 속에서도 선을 행하라는 부르심

대답 5

코로나 바이러스는 자기 연민과 두려움을 극복하고,

용기와 기쁨과 사랑으로 선을 행함으로써

하나님을 영화롭게 하라는 부르심이다.

예수님은 제자들에게 "너희 빛이 사람 앞에 비치게 하여 그들로 너희 착한 행실을 보고 하늘에 계신 너희 아버지께 영광을 돌리게 하라"(마 5:16)고 가르치셨다. 특히 고난의 때에 세상의 빛이요 소금이 되어 선을 행하면 그 빛이 더욱 밝게 빛나고, 그 짠맛이 더욱 강해진다는 사실을 우리는 놓칠 때가 많다.

위기의 흑암 속에서 빛을 비추라

예수님은 "나로 말미암아 너희를 욕하고 박해하고 거짓으로 너희를 거슬러 모든 악한 말을 할 때에는 너희에게 복이 있나니 기뻐하고 즐거워하라 하늘에서 너희의 상이 큼이라"(마 5:11, 12)라고 말씀하셨다. 그러고 나서 "너희는 세상의 소금이니…너희는 세상의 빛이라"(마 5:13, 14)라고 덧붙이셨다.

위험 속에서의 선행은 단순한 선행보다 기독교의 맛과 빛을 더욱 강하게 만든다. 불신자들 가운데도 선을 행하는 사람들이 많다. 그러나 그런 행위를 보고 하나님께 영광을 돌리는 사람은 거의 없다.

마태복음 5장이 전제하는 위험은 질병이 아닌 박해다. 그러나 원리는 똑같다. 질병이든 박해든 위험 상황 속에서 행하는 사랑의 행위는 그것이 하나님 안에서의 소망에 의해 지탱되는 것이라는 사실을 더욱 분명하게 보여준다. 예를 들어, 예수님은 이렇게 말씀하셨다.

"잔치를 베풀거든 차라리 가난한 자들과 몸 불편한 자들과 저는 자들과 맹인들을 청하라 그리하면 그들이 갚을 것이 없으므로 네게 복이 되리니 이는 의인들의 부활시에 네가 갚음을 받겠음이라"(눅 14:13, 14).

하나님께 대한 내세의 소망("부활시에…갚음을 받겠음이라")을 품고 살면 이 세상에서 보상을 기대하지 않고 선을 행할 수 있는 힘을 얻게 된다. 위험 상황, 특히 죽음의 위험을 감수하면서 행하는 선행의 경우도 마찬가지다.

베드로는 예수님의 가르침을 어떻게 적용했나

베드로 사도는 신약성경의 다른 저자들보다 선행에 관한 예수님의 가르침에 더 많은 관심을 기울였다.

> "너희는 이방인 중에서 행실을 선하게 가져 너희를 악행한다고 비방하는 자들로 하여금 너희 선한 일을 보고 오시는 날에 하나님께 영광을 돌리게 하려 함이라"(벧전 2:12).

베드로는 위험 상황 속에서 행하는 선행에 대한 자신의 생각을 분명하게 밝혔다. 그는 "하나님의 뜻대로 고난을 받는 자들은 또한 선을 행하는 가운데에 그 영혼을 미쁘신 창조주께 의탁할지어다"(벧전 4:19)라고 말했다. 다시 말해, 고난의 가능성이나 고난의 현실 때문에 선행을 멈추지 말라는 것이다.

그리스도께서는 우리가
위험 속에서 선을 행하게 하기 위해 죽으셨다

베드로는 이 새로운 삶의 방식을 우리 죄를 위해 예수님이 죽으신 사실과 연관시켰다. 그는 말했다. "(그리스도께서) 친히 나무에 달려 그 몸으로 우리 죄를 담당하셨으니 이는 우리로 죄에 대하여 죽고 의에 대하여 살게 하려 하심이라"(벧전 2:24). 그리스도 때문에, 그리스도인들은 죄를 죽이고 의에 헌신한다.

바울도 예수님의 죽음과 선을 행하려는 그리스도인들의 열심을 연관시켰다. "그가 우리를 대신하여 자신을 주심은 모든 불법에서 우리를 속량하시고 우리를 깨끗하게 하사 선한 일을 열심히 하는 자기 백성이 되게 하려 하심이라"(딛 2:14).

바울은 또한 신자와 불신자를 가리지 말고 모두에게 선을 행해야 한다고 명확히 말했다. "우리는 기회 있는 대로 모든 이에게 착한 일을 하되 더욱 믿음의 가정들에게 할지니라"(갈 6:10). "삼가 누가 누구에게든지 악으로 악을 갚지 말게 하고 서로 대하든지 모든 사람을 대하든지 항상 선을 따르라"(살전 5:15).

위험을 무릅쓴 친절을 통해
그리스도께서 존귀함을 받으신다

하나님의 백성이 지향해야 할 목적은 하나님의 위대하심을 찬양하고, 그분의 아들이신 예수 그리스도의 가치를 확대하는 것이다. "너희가 먹든지 마시든지 무엇을 하든지 다 하나님의 영광을 위하여 하라"(고전 10:31). "나의 간절한 기대와 소망을 따라…살든지 죽든지 내 몸에서 그리스도가 존귀하게 되게 하려 하나니"(빌 1:20). 모든 것 안에서 하나님이 영광을 받으시는 것, 살든지 죽든지 그리스도께서 존귀하게 되시는 것, 이것이 하나님이 정하신 인생의 목적이다.

따라서 코로나 바이러스와 관련된 하나님의 목적은 그분의 백성이 자기 연민과 두려움을 버리고 위험 속에서도 열심히 선을 행하는 것이다. 그리스도인들은 안락함을 추구하기보다 타인의 필요를 채워주기 위해 힘쓰고, 안전을 추구하기보다 사랑을 베풀려고 힘써야 한다. 우리의 구원자이신 주님을 닮은 모습은 바로 그런 것이다. 우리가 그런 일을 행하는 사람이 되게 하기 위해서 그분이 죽으셨다.

초기 교회의 본보기

로드니 스타크는 《기독교의 승리》라는 책에서 초기 기독교 역사를 이렇게 기술한다. 그들에게 있어 "진정 혁명적인 원리는 기독교적 사랑과 구제 사역이 가족이나 신자들의 경계를 넘어서서 어려움에 처한 모든 사람들에게까지 확대되어야 한다는 원리였다."[6]

기원후 165년과 251년에 큰 역병이 로마 제국을 강타했다. 기독교 교회 외부에는 희생적인 구호 활동을 감당할 종

교단체나 사회단체가 존재하지 않았다. 당시에는 "신들이
인간사에 관심을 기울인다는 신념이 없었다."[7] 또한 "구제
는 성격적 결함으로, 연민은 병적 감정으로 간주되었다. 구
제는 받는 측의 아무런 노력 없이 도움이나 위안을 제공하
기 때문에 정의에 반하는 것으로 여겨졌다."[8]

따라서 로마 제국의 3분의 1이 질병으로 죽어가는 동안
의사들은 자신들의 시골 저택으로 몸을 피했고, 증상이 있
는 사람들은 집 밖에 버려졌으며, 사제들은 신전을 버리고
떠났다. 그러나 스타크가 말한 대로, "그리스도인들은 해답
을 가지고 있다고 주장했고, 무엇보다도 그들은 적절한 행
동을 취했다."[9]

그 "해답" 가운데는 그리스도를 통한 죄 사함과 사후의
영원한 생명에 대한 소망이 포함되어 있었다. 이것은 의료

---

6 Rodney Stark, *The Triumph of Christianity: How the Jesus Movement Became the World's Largest Religion* (New York: Harper, 2011), 113.

7 Stark, *Triumph of Christianity*, 115.

8 Stark, *Triumph of Christianity*, 112.

9 Stark, *Triumph of Christianity*, 116.

적인 도움도 없고, 희망도 전혀 없는 시기에 참으로 귀한
메시지가 아닐 수 없었다.

또한 많은 그리스도인들이 직접 행동에 나서 병자들과
죽어가는 자들을 보살폈다. 두 번째 역병이 끝나갈 무렵 알
렉산드리아의 주교 디오니시우스는 자기 교회 신자들을
크게 치하하는 내용을 담은 편지를 써 보냈다.

> 우리 형제들은 대부분 자신을 아끼지 않고, 오직 서로만을 생
> 각하며 무한한 사랑과 충실함을 보여주었다. 그들은 위험을
> 아랑곳하지 않고 병자들을 돌보며, 그들의 모든 필요에 주의
> 를 기울여 그리스도 안에서 그들을 정성껏 보살폈다. 죽는 사
> 람들은 행복해하며 평화롭게 세상을 떠났다.[10]

로마 황제들의 무지를 잠재우다

그리스도를 믿는 믿음으로 당시의 문화와는 다르게 병자

---

10 Stark, *Triumph of Christianity*, 117.

들과 가난한 자들을 보살폈던 그리스도인들의 행위는 이교 신앙으로부터 많은 사람을 구원하는 결과를 낳았다. 첫 번째 역병 발발로부터 두 세기가 지난 후, 고대 로마 종교를 부활시키고 싶어 했던 로마 황제 율리아누스(AD 323-363)는 기독교를 위협적인 요인으로 간주했고, 갈라디아의 로마 대사제에게 편지를 보내 실망감을 토로했다.

> 무신론(기독교 신앙을 지칭함)이 낯선 자들을 사랑으로 섬기고, 죽은 자들을 장사지내는 일을 도움으로써 크게 세력을 확장해 왔다. 거지가 된 유대인이 한 사람도 없다는 사실과 불경스러운 갈릴리인들(그리스도인들)이 그들의 빈자들만이 아니라 우리의 빈자들까지 보살피고 있다는 사실은 매우 유감스럽다. 우리는 우리에게 속한 사람들에게 도움을 베풀어야 하지만 그러지 못하고 있다.[11]

---

11 Stephen Neill, *A History of Christian Missions*, 2nd ed. (New York: Penguin, 1986), 37-38.

하나님이 보내신 고난을 경감하기 위한 노력

코로나 바이러스를 하나님이 행하신 일로 간주하는 것과 그리스도인들에게 위험을 무릅쓰고 그로 인한 고난을 경감시키라고 촉구하는 것은 서로 모순되지 않는다. 하나님은 인간의 타락 때문에 세상이 죄와 불행으로 고통을 받게 하셨다. 그분은 멸망의 심판을 허락한 장본인이시지만 자기 백성들이 멸망하는 사람들을 구출하는 일을 추구하도록 작정하셨다. 하나님은 자신의 의로운 심판으로부터 사람들을 구원하기 위해 예수 그리스도 안에서 세상 속으로 오셨다(롬 5:9). 이것이 그리스도의 십자가가 지니는 의미다.

따라서 하나님의 백성들의 선행에는 병자들의 치유를 빌면서, "하나님, 이제 손을 멈추시고 이 팬데믹을 거두시며 치유책을 허락해 주소서."라고 기도하는 것을 포함한다. 우리는 코로나 바이러스에 대해 기도하며, 그로 인한 고통을 경감시키기 위해 에이브러햄 링컨이 기도한 것처럼 기도한다. 그는 남북 전쟁을 하나님의 심판으로 간주했지만 전쟁의 종식을 위해 기도하며 그것을 끝내려고 노력했다.

이 엄청난 전쟁의 재앙이 신속히 지나가기를 간절히 기도하고, 열렬히 바란다. 그러나 노예들이 250년 동안 정당한 대가 없는 노역을 감당한 결과로 축적된 부가 모두 소진되고, 채찍에 맞아 흘린 마지막 한 방울의 피까지 칼로 흘린 피로 모두 충족될 때까지 전쟁이 계속되는 것이 하나님의 뜻이라면, 3천 년 전 말씀처럼 여전히 "하나님의 심판은 진실하고 의롭다"고 말해야 할 것이다.

하나님은 자신이 행하실 일이 있다. 그 가운데 많은 것이 비밀에 싸여 있다. 우리에게는 우리가 행할 일이 있다. 우리가 하나님을 믿고 그분의 말씀에 복종한다면, 하나님은 그분의 주권적인 섭리와 우리의 섬김을 통해 자신의 선하고 지혜로운 목적을 이루실 것이다.

11장

선교의 진전을 가져옴

대답 6

하나님은 코로나 바이러스를 통해 전 세계의
현실안주형 신자들을 일깨워 새롭고 혁신적인
일을 하게 하시고, 복음을 믿지 않는 세상 사람들에게
그리스도의 복음을 전하게 하신다.

코로나 바이러스를 선교와 연계시키는 것은 이상한 생각
처럼 들릴 수 있다. 왜냐하면 코로나 바이러스로 인해 단기
적으로는 여행과 이동과 선교 활동이 중단되었기 때문이
다. 그러나 나는 단기적인 관점에서 생각하지 않는다. 하나
님은 항상 역사의 대격변과 고난을 교회를 움직이는 수단
으로 사용해 복음이 필요한 곳으로 향하게끔 만드셨다. 코
로나 바이러스의 영향을 장기적인 관점에서 보면 하나님
은 또다시 그런 섭리를 베푸실 것이 분명하다.

선교 전략으로서의 박해

예를 들어, 하나님은 신자들이 예루살렘에서 나와 유대와 사마리아에 복음을 전하도록 이끄셨다. 예수님은 제자들에게 복음을 "예루살렘과 온 유대와 사마리아와 땅끝까지", 곧 온 세상에 두루 전하라고 명령하셨다(행 1:8). 그러나 사도행전 7장이 지나기까지 복음 전도는 예루살렘에만 국한되어 있었다.

그런 상황에서 무엇이 교회를 움직여 복음을 전하게 했을까? 스데반의 죽음과 그 이후의 박해가 필요했다. 스데반이 순교한 후(행 7:60) 즉시 박해가 일어났다.

> "그 날에 예루살렘에 있는 교회에 큰 박해가 있어 사도 외에는 다 유대와 사마리아 모든 땅으로 흩어지니라…그 흩어진 사람들이 두루 다니며 복음의 말씀을 전할새"(행 8:1-4).

하나님이 자기 백성을 움직이신 방법은 순교와 박해였다. 그리하여 마침내 "유대와 사마리아"가 복음을 듣게 되었다. 하나님의 방법은 우리의 방법과 다르다. 그러나 그분의 선교는 확실하게 이루어진다. 예수님이 그렇게 말씀하셨고 그분의 말씀은 실패하지 않는다. "내가 이 반석 위에 내 교회를 세우리니 음부의 권세가 이기지 못하리라"(마 16:18). "이 천국 복음이 모든 민족에게 증언되기 위하여 온 세상에 전파되리니"(마 24:14). 복음이 "전파될 수도 있다"라고 말씀하시지 않고 "전파되리니"라고 말씀하셨다.

전략적인 전진을 위한 후퇴

코로나 바이러스로 인해 세계 선교에 차질이 발생했다고 생각할지도 모르지만 내 생각은 그렇지 않다. 하나님은 후퇴를 통해 큰 전진을 이루는 방법을 종종 사용하신다.

1985년 1월 9일, 불가리아의 한 회중교회를 이끄는 흐리스토 쿨리체프 목사는 당국에 체포되어 감옥에 투옥되었다. 그의 죄목은 교회가 선출하지 않은 사람을 국가가 목회자로 임명했음에도 불구하고 그의 교회에서 설교를 전했다는 것이었다. 그의 재판은 정의를 우롱하는 것이었다.

그는 8개월의 감옥형을 선고받았다. 그는 감옥에 있는 동안에도 자신이 할 수 있는 모든 방법을 동원해 그리스도를 전했다.

그는 출옥한 뒤에 "죄수들과 간수들이 내게 많은 질문을 물어왔다. 교회에서보다 감옥에서 더 많은 결실을 맺는 사역을 할 수 있었다. 자유로울 때보다 감옥에 있을 때 하나님을 더 잘 섬길 수 있었다."라고 말했다.[12]

하나님은 종종 그런 방법을 사용하신다. 코로나 바이러스가 전 세계에 만연한 이 심각한 상황을 하나님은 헛되이 흘려보내지 않으실 것이다. 이 상황은 세계 복음화라는 하나님의 확고한 목적을 이루는 기회가 될 것이다. 그리스도께서는 자신의 피를 헛되이 흘리지 않으셨다. 요한계시록 5장 9절은 그리스도께서 "각 족속과 방언과 백성과 나라 가운데에서 사람들을 피로 사서 하나님께 드리신다"고 말씀한다. 그분은 자신의 고난에 대한 보상을 받으실 것이다.

---

12 Herbert Schlossberg, *Called to Suffer, Called to Triumph* (Portland, OR: Multnomah, 1990), 230.

심지어 세계적인 전염병도 지상 명령을 이루는 데 이바지할 것이다.

마치는 기도

아버지여,

저희 최상의 순간에 저희는 아버지의 은혜로 겟세마네 동산의 제자들처럼 잠들지 않고 깨어 예수님의 기도를 듣습니다. 예수님은 마음속 깊은 곳에서부터 자신이 고난받아야 한다는 사실을 알고 계십니다. 그러나 예수님은 그분의 완전한 인성 안에서 "할 만하시거든 이 잔을 내게서 지나가게 하옵소서"라고 부르짖으십니다.

그와 마찬가지로 저희도 마음속 깊은 곳에서부터 이 유행병이 선하고 필요한 목적을 위해 아버지의 지혜로 작정된 것임을 알고 있습니다. 저희도 고난받아야 합니다. 아버지의 아들께서는 무죄하셨지만 저희는 그렇지 않습니다.

하지만 덜 완전한 인성을 지닌 저희도 예수님처럼 "할 만하시거든 이 잔을 지나가게 하옵소서"라고 부르짖나이다. 오, 하나님, 주님이 작정하신 이 고통스럽고, 외롭고, 자비로운 사역을 신속히 행하시옵소서. 심판을 오래 베풀지 마옵소서. 긍휼을 베풀기를 지체하지 마옵소서. 오, 하나님, 주님의 인자하심을 따라 가난한 자들을 기억하소서. 고난받는 자들의 부르짖음을 잊지 마옵소서. 회복을 허락하소서, 치유책을 허락하소서. 기도하오니 가련하고 무력한 저희를 이 재난으로부터 구원하소서.

하지만 주님, 저희의 불행과 슬픔이 헛되이 돌아가지 않게 해주소서. 무익한 물질주의와 그리스도 없는 쾌락에 힘없이 굴복당한 주의 백성들을 정화하소서. 사탄의 미끼를 달게 느끼는 저희의 입을 깨끗하게 하소서. 교만과 미움과 불의한 길의 뿌리와 찌꺼기를 저희에게서 제거하시고, 하나님의 영광을 경홀히 여기는 저희 자신의 모습에 분노할 수 있게 하시며, 심령의 눈을 열어 그리스도의 아름다우심을 보고 맛보게 하시고, 하나님의 아들과 하나님의 길과 하나님의 말씀을 사모하게 하소서. 저희에게 동정심 넘치는 용기를 가득 채워주시고, 하나님의 백성들의 섬김을 통해 하나님의 이름을 영화롭게 하소서.

주님의 손을 내미사 이 멸망해 가는 세상을 위해 큰 각성을 허락해주시고, 이 세대를 향해 "그들의 행위를 회개하지 아니하더라"라는 요한계시록의 두려운 말씀이 선포되지 않게 하소서. 사람들의 육체를 치신 것처럼 그들의 잠든 영혼도 쳐서 깨워주소서. 그들이 교만과 불신앙의 어둠 속에서 잠들어 있지 않게 하옵소서. 큰 긍휼을 베풀어 그들의 뼈를 향해 "살아나라!"고 말씀하소서. 많은 사람의 마음과 삶이 예수님의 무한한 가치를 따라 정렬될 수 있게 도와주소서.

예수님의 이름으로 기도합니다. 아멘.

❖ desiringGod

모든 사람은 행복하기를 원합니다. 우리 웹사이트는 행복을 위해 탄생되고 행복을 위해 세워진 사이트입니다. 우리가 하나님 안에서 가장 만족할 때 하나님은 우리 안에서 가장 영광을 받으십니다. 우리는 세계 각지의 사람들이 이 진리를 이해하고 이 진리를 마음으로 붙들게 되기를 소원합니다. 우리 웹사이트 안에는 존 파이퍼 목사가 30년 이상 설교하고 강연하고 글로 쓴 자료들이 모아져 있습니다. 또한 40개 이상 언어로 번역된 자료들이 포함되어 있습니다. 또한 우리는 새롭게 쓰여진 자료들, 오디오 및 비디오 자료들을 매일 공급하고 있습니다. 우리는 이를 통해 여러분이 진리와 삶의 목적과 결코 고갈되지 않는 만족을 발견하도록 돕고자 합니다. 이 모든 자료는 무료로 제공되며 이런 일은 이 사역을 통해 영적 축복을 경험한 여러 후원자들의 후원 덕분에 가능합니다.

여러분이 참된 행복에 대한 더 많은 자료를 접하길 원하신다면, 혹은 Desiring God 선교회의 사역에 대해 더 많은 것을 알고 싶으시다면, desiringGod.org로 방문하시길 바랍니다.

desiringGod.org